꿈이 있는 엄마의 7가지 페르소나

꿈이 있는 엄마의 7가지 페르소나

초 판 1쇄 2023년 11월 16일

지은이 박지연
펴낸이 류종렬

펴낸곳 미다스북스
본부장 임종익
편집장 이다경
책임진행 김가영, 신은서, 박유진, 윤가희, 윤서영, 이예나

등록 2001년 3월 21일 제2001-000040호
주소 서울시 마포구 양화로 133 서교타워 711호
전화 02) 322-7802~3
팩스 02) 6007-1845
블로그 http://blog.naver.com/midasbooks
전자주소 midasbooks@hanmail.net
페이스북 https://www.facebook.com/midasbooks425
인스타그램 https://www.instagram/midasbooks

ISBN 979-11-6910-380-0 03190

값 **18,000원**

성장하는 엄마의 루틴 만들기

꿈이 있는 엄마의 7가지 페르소나

박지연 지음

요즘 엄마들에게 필요한 자기계발에 대하여

"미국 생물학자 레오나르도 헤이플릭은 여러 종류의 동물과 인간 세포 배양실험을 한 결과, 인간의 태아 세포는 50회 분열한 뒤 멈춘다는 사실을 알아냈다. 한 번 분열하는 데 평균 30개월(약 2.5년)이 소요되므로, 125세가 인간 수명이라고 결론지었다."

  – 〈매일경제〉, "최대수명 125세가 온다", 2021.05.04.

기사를 읽는데 머리와 눈동자가 빠르게 굴러갑니다.

'오래 살게 해주셔서 감사합니다.'라고 해야 할까요. '이렇게까지 해주실 필요는 없습니다.'라고 해야 할까요. 두 눈을 슴벅이는 사이, 십 대의 반열에 오른 첫째가 모니터 화면으로 머리를 들이댑니다.

"이게 무슨 말이에요?"

"앞으로 125세까지도 살 수 있다는 거지."

"우와! 나는 100살 넘게 살 수 있겠네요?"

"…."

기사를 받아들이는 모자지간 온도 차이도 열탕과 냉탕입니다. 살아온 햇수만큼 살아갈 햇수가 늘어나는 현상. 삶도 제로섬게임인가요. 10년 전, 첫째 아이 태아보험을 알아볼 때만 해도 80세 만기 상품이 흔했습니다. 요즘은 110세 보장도 있더군요. 운전대만 잡으면 라디오에서는 배워야 한다는 광고가 나옵니다. 평생 공부, 평생 학습, 평생교육기관에서는 급격히 변화하는 사회에 대응하기 위해서는 공부가 필수라고 합니다. 평생 배우면 평생 청춘이라는 말에는 언제나 솔깃해집니다.

『최재천의 공부』에서 최재천 박사는 대학을 일곱 번, 여덟 번 다녀야 한다고 주장합니다. 경영학의 대가 피터 드러커 선생님이 배워서 써먹고 또 배워서 써먹는 시대가 온다고 한 말과 맞물린다며, 20대에 배운 지식으로 95세까지 우려먹는 게 불가능해졌다고 강조하죠.

지금 내 나이 마흔둘. 아니, 다시 마흔입니다. 청춘 시절의 열정은 서비스직에 근무하며 마지막 한 방울까지 녹여냈지요. 30대에는 두 아이에게 그러했지만, 마흔의 문턱을 넘으며 저를 위해서도 쓰고 있습니다.

"뭐 하고 있어?"

"글 쓰는 중이야."
"수업 듣는 중이야."
"운동하고 나오는 길이야."

KTX 승무원으로 일할 때는 실시간으로 부산, 대구, 대전, 서울에 있었습니다. 현재는 실시간으로 다른 일을 하는 저를 보며 그 많은 걸 어떻게 하냐는 질문을 자주 받습니다.

작년 가을 『역마살 엄마의 신호등 육아』를 출간할 당시만 해도 뚜렷하게 하는 일이 있거나, 선명하게 가지고 있던 직함이 없었습니다. 개인 저서 출간을 기점으로 걸음마를 뗀 아기처럼, 여기저기 걷고 뛰며 프리랜서 엄마로 반경을 넓혀나가는 중입니다.

고대 그리스 배우들이 썼다 벗었다 하는 가면에서 유래된 페르소나(Persona)라는 단어가 있습니다. 배우는 무대에서 자신에게 맞는 가면을 쓰고 연기하죠. 칼 구스타브 융(Carl Gustav Jung)은 분

석심리학 관점에서, 인간은 많은 페르소나를 지니고 있어서 상황에 따라 적절한 가면을 쓰고 관계를 지속한다고 합니다. 다른 사람에게 보이는 나를 중요시하다 보니 진정한 자기모습은 아니지만, 직업이나 사회적 위치를 유지하기 위해서는 필요하단 입장입니다.

저도 다양한 페르소나가 있습니다. 가정 내의 역할을 포함해 작가, 글쓰기 코치, 하브루타 및 슬로리딩 강사, 아이와 함께 동남아 한 달 살기 강사, 티(tea)소믈리에 등. 일곱 가지가 있습니다. 적재적소에 맞게 쓰고 벗을 수 있는 건 '나'라는 중심이 흔들리지 않기 때문 아닐까요. 반듯하게 살아가는 날이 쌓여, 각각의 페르소나가 강한 존재감을 지니길 바랍니다. 경제적, 정신적 여유도 가지며 앞날을 향한 걱정도 덜어냈으면 합니다. 이 책이 당신의 숨은 페르소나를 찾는 계기가 되길 바라며 시작하겠습니다.

제1장

엄마 페르소나 내려놓기

목표가 있는 미라클 모닝 온

아침 5시 30분. 머리맡에 놓인 전화기와 손목에 찬 스마트워치에서 알람이 울린다.

3초 동안 고민에 빠진다. 1분만 더 잘까. 마음과 머리의 고민도 잠시, 이불에서 탈피한다. 주방으로 들어가 조도가 낮은 LED 등을 켠다. 뻑뻑한 한쪽 눈을 겨우 뜬 채 전기포트 뚜껑을 열어 정수기에서 물을 받는다. 그사이 포트 뚜껑 바닥에 붙어 있는 긴 원통의 거름망 안에 볶은 보리 한 줌을 넣는다. 뚜껑 밑에 다시 끼우고 물로 가득 찬 포트에 넣어 100도를 설정한다. 물이 끓는 동안 정수기에서 미지근한 물 한잔을 컵에 따른다. 한 모금씩 마시며 식탁에 앉는다. 겹겹이 쌓인 책 속에서 다이어리를 찾고, 필통을 열어 삼색 볼펜을 꺼낸다. 오늘 날짜가 적힌 페이지를 펼친다. 매일 하는 루틴 항목과 특별한 일정을 적다 보면 눈꺼풀의 무게가 가벼워진다. 옷을 갈아입고 차 키를 집는다. 전날 밤, 현관 입구에 내놓은 운동 가방을 들고 나와 시동을 켠다. 라디오에서 나오는 음악이 머리를 깨운다. 8분 뒤, 주차 후 회원 카드를 찍고 탈의실로 들어가면 여섯 시. 간단한 준비를 마치고 6시 10분부터 수영을 시작한다.

오전 기상이 자리 잡기까지 여러 번 시행착오를 거쳤다. 코로나 시기에 SNS를 통해 미라클 모닝을 접했다. 다른 사람이 올리는 성공 관련 인증사진을 볼 때면 감탄만 연발할 뿐 내 삶의 일부는 절대로 될 수 없다 했다. 멀고 먼 나라에서 일어난 밀물은 가까운 지인에게도 스며들었다. 아침에 일어나는 새가 벌레를 잡는다는 말에 그 벌레는 잡아먹히려고 일찍 일어나느냐고 되받아쳤다. 작심삼일도 백 번 하면 300일이라는 말에 교묘하게 설득당해 두 계절이 지난 2022년 9월 1일, 미라클 모닝의 닻을 올렸다. 전날 밤부터 잠이 오지 않았다. 알람 소리를 이기지 못할 거 같았다. 40 평생을 올빼미족으로 살아온 터라 자신 없었다. 긴장을 안고 잔 건지, 밤을 새운 건지, 졸다가 깬 건지 탁한 두뇌 상태로 깨어났다. 아이 방 책상에 앉아 노트북을 열었다. 모르고 살 땐 몰랐는데 여기는 만 명이 넘는 사람이 있는 공간이었다. 오프닝 강의가 시작됐다. 관련 카페에는 오전 기상을 인증하는 사진과 글이 올라오기 시작했다. 얼떨결에 사진은 찍었는데 시계는 어떻게 나오게 하는지 모르겠다. 시각을 입히는 앱을 찾느라 강의내용이 들어오지 않는다. 10분 동안 헤맨 끝에 찾긴 했으나 사용 방법을 모르겠다. 다른 사람 글을 찾아 겨우 따라 했더니 개인 활동에 집중하는 시간이란다. 주위를 두리번거리다 책장을 뒤졌다. 내 책과 아이들 책을 꺼내며 뭘 할까 고민하다 보니 책장 정리를 하고 있었다. 6시가 되었다. 마무리 인사를 하며 오전 모임을 마쳤다. 일어나긴 했는데 한 시간 동안 한 거라고는 사진에 시각을 입힌 게 전부였다. 다음 날을 대비해 자기 전, 책 한 권을 준비했다. 이튿날 두 번째 기상에 성공했다. 강의를 듣고 인증 글을 올렸다. 낭비한 시간이 없는 것만으로 개운했다. 성공 샷을 올리며 내일도 기상하겠노라 했지만 다짐에만 그쳤다. 한 주 뒤 다시 시도했지만, 사흘을 넘기지 못했다. 그나마 성공한 날은 낮잠으로 채우며 '일찍 일어나는 새가 피곤하다.'라는 말에 암묵적으로 동의했다.

간헐적이나마 성공한 건 나름의 의미가 있었다. 연속 사흘을 지키지 못한 날이 많았음에도 일어난 날만 바라보며 가능성을 엿보았다. 다시 시작하고 싶었다. 9월의 끝자락, '새벽 마음 정원'의 운영

진인 원효정 작가의 강의를 듣게 되었다. 이른 기상 덕분에 달라진 삶을 말해주었다. 다음 달부터 시작하는 모집 글에 신청서를 작성했다. 참여비 외에 보증금이 있었다. 스스로 설정한 목표를 행하지 않으면 보증금에서 차감하는 방식이었다. 그즈음 필사하는 모임에도 가입한 상태였다. 시간과 목표의 톱니바퀴가 맞아떨어졌다.

오전 6시에 일어났다. 나보다 늦게 일어나는 이도 있었고, 내가 일어난 시간에 계획한 일을 마무리하는 이도 있었다. 목표한 대로 책을 읽고 인상 깊은 문장을 찾아 필사했다. 온라인 화면 속에는 각자 다른 공간에서 개개인이 설정한 목표를 향해 집중하는 사람들로 가득했다. 음 소거 중임에도 열정이 전해졌다. 첫날은 가뿐히 성공했으나 이틀, 3일째가 되며 피로가 쌓였다. 수면 부족 후유증이 몰려왔다. 의자나 소파에 앉아 있다가도 눕는 자세로 변했다. 브런치 모임에 나가 있어도 하품이 끊이질 않았고 온라인 수업을 들으며 졸기도 했다. 진하게 내려앉는 눈 밑 그림자만큼 짜증 횟수와 강도가 증가했다. 미라클 모닝과 앵그리 모닝 사이를 오갔다. 낮 외출을 삼가고 적당히 낮잠 자는 걸로 대책을 세웠다. 한 시간 후로 알람을 맞추고 침대 위로 몸을 던졌다.

이렇게까지 해야 하나 싶기도 했지만, 오전 시간의 농도는 달랐다. 하루 중 머리가 가장 맑은 시간, 생활 소음만을 배경 삼아 집중할 수 있다. 화면 속에 있는 사람들로부터 에너지도 받는다. 매일 아침 그들의 열정으로 샤워한다. 그 시간에 대한 해석은 저마다 다르겠지만, 나에게는 어떠한 일도 해낼 수 있다는 자신감과 도전정신을 심어주었다.

'미라클 모닝을 하면 보너스 시간이 생긴다, 삶의 여유가 생긴다, 비만을 줄일 수 있다.' 등 긍정적 의견이 많긴 하나 이른 기상만이 최고는 아니다. 누군가는 낮이, 누군가는 밤이 적합할 수도 있다. 아침에 일어나는 게 기적이 아니라 어떤 시간을 어떻게 활용하느냐가 기적인 셈이다.

아슬아슬하게 하루, 또 하루를 버티며 30일 중 26일을 이른 기상에 성공했다. 두 달 연속 높은 성취율을 기록하며, 나도 할 수 있는 사람이란 걸 알게 되었다. 미라클 모닝을 하려 했던 첫 달, 실패할 수밖에 없던 이유는 이른 기상만 목적이었을 뿐 하고자 하는 게 없었다. 닻 없는 배가 항해할 수 없듯, 목표 없는 기상이라 갈 곳이 없었다. 해야 할 항목을 작성하고, 실행해 나가며 일어날 이유가 생긴 것이다.

40년 만에 알게 되었다. 나도 아침형 인간이 될 수 있다는 것을. 다이어리를 펼쳐 실행한 항목을 빨간색으로 힘주어 긋는다. 내일 오전의 스위치도 'ON'이길 바라며 어둡게 내려앉는 저녁을 일찍 마무리하려 한다.

아침을 깨우는 루틴을 만들자

작가 팀 페리스는 자신의 분야에서 최정상에 오른 이들에게 거인을 뜻하는 명칭을 붙여 『타이탄의 도구들』을 집필했다. 책의 첫 장에는 타이탄들이 하루를 시작하는 다섯 가지 방법이 요약되어 있다.

'잠자리를 정리하라, 명상하라, 한 동작을 다섯 번에서 열 번 반복하라, 차를 마셔라, 아침 일기를 써라.'

성공한 사람이라 해서 거창할 줄 알았는데, 의외로 단순했다. 이미 일상에서 실행 중인 것도 있었다. 한 해의 시작을 새 마음 새 뜻으로 맞이하고자, 서너 가지를 골라 아침 루틴으로 만들었다.

첫 번째, 3분 동안 잠자리를 정리한다. 미라클 모닝과 관련한 저서, 영상, 블로거 중 상당수가 성공한 사람들의 습관을 따라 침구를 정리한다고 했다. 타이탄들이 이부자리를 정리하는 목적은 시각적 깔끔함에 있다. 담요나 이불로 시트 전체를 덮고 베개를 그 아래에 가지런히 놓는다. 침구를 정리하며, 마음을 산만하게 만드는 어지러움을 해결한다. 이는 곧, 하루의 첫 번째 과업을 달성했다는 뜻이기도 하다.

이전의 나는, 이불에서 허물을 벗은 듯 빠져나와 낮이든 밤이든 다시 그 속으로 들어가는 날이 많았다. 운동 후 피곤하면 반사적으로 들어갔다. 뒤적거리다가 먼지가 보이면 그제야 털거나 침구청소기를 돌렸다. 그들과 목적이 다르긴 하지만, 정리의 필요성을 느꼈다. 아이들이 현관을 나서자마자 침구를 정리한다. 반듯하게 갠 이불은 잠을 향한 욕구를 줄여주고 시각적 효과도 가져다준다. 깔끔한 침대를 흐트러뜨리고 싶지 않은 마음에, 되도록 소파나 안마의자에서 쉰다.

두 번째, 명상하며 간단한 체조를 한다. 다른 운동을 하기 위해 3년 넘게 해온 요가를 그만뒀다. 태생적으로 뻣뻣한 몸은 빠른 속도로 돌아왔다. 다리를 길게 뻗고 앉은 상태로 허리를 굽혀 손끝을 발가락에 붙였다. 닿을 듯 말 듯 팽팽했다. 다리를 어깨너비 두 배만큼 벌리고 그 사이로 팔을 내밀어 보니 바닥에 턱 끝도 닿을까 말까다. 불과 한 달 만에 이렇게 굳을 수 있을까.

오전에 청소기로 집안을 한 바퀴 쓸고 나서 거실 바닥에 요가 매트를 펼친다. 유튜브에서 명상 관련 채널을 튼다. 반가부좌 자세를 하고 앉는다. 오른 손바닥을 왼쪽 귀 위에 붙여 오른쪽 어깨로 내린다. 이어서 대각선 아래로 시선을 고정했다가, 같은 쪽 상방 45도 각도에서 머문다. 반대쪽도 이어간다. 어깨의 간격보다 조금 더 넓게 두 다리를 펼친다. 오른쪽 손을 길게 뻗어 왼쪽 엄지발가락을 잡아본다. 최대한 척추를 펴면서 가까이 닿게 한다. 반대쪽도 마찬가지다. 양쪽을 다 하고 나면 두 다리를 최대한으로 벌려 그 사이로 두 팔을 앞으로 쭉 뻗는다. 공중 부양하는 가슴이 바닥에 닿을 수 있게 호흡을 뱉을 때마다 천천히 반동을 주며 누른다. 허리를 둥그렇게 말아 몸을 일으켜 두 다리를 툴툴 털어 모으고 마무리한다. 요가 수업을 들을 때만큼은 아니지만 잠시라도 전신을 늘리면 몸이 한결 가벼워진다.

세 번째, 차를 마신다. 마시기 위해 준비하는 과정부터가 명상의 시작이자 나를 마주하는 시간이다.

싱크대 상판 서랍장을 열어 마흔 가지 소포장 되어 있는 차 종류를 살펴본다. 날씨와 그날의 컨디션을 고려하여 찻잎을 고르고, 3

그램 정도만 찻주전자에 넣는다. 물을 준비한다. 녹차는 80도 그 외 홍차, 백차(白茶), 청차(靑茶)는 95도로 설정한다. 물이 끓는 동안 어떤 찻잔에 담을지 고른다. 어떤 찻잎인지, 어떤 기분을 맞이하고 싶은지에 따라 선택하는 잔이 달라진다. 물이 다 끓고 나면 찻주전자 위에서 커다란 원을 그리며 천천히 붓고 뚜껑을 닫는다. 차가 우려지는 동안 생각을 비우거나 멍하니 쳐다본다. 어떤 날은 찰나의 순간처럼, 어떤 날은 두 배로 느리게 지나가기도 한다. 알람이 울리면 준비해 둔 찻잔에 천천히 부으며 눈으로 색을 담고 코로 향을 담아 식탁으로 이동한다.

한 모금, 두 모금 천천히 마시면서 이른 오전에 작성해둔 다이어리를 펼친다. 왼손에는 찻잔을 들고 오른손으로는 다이어리를 넘기며 할 일을 살핀다. 해야 할 일이 많은 날은 시작도 전에 가슴이 내려앉는다. 그럴 때는 차를 마시면서 하루를 시작할 힘을 얻는다.

차를 내리기 전에만 해도 이런 상황이 오면 시작도 전에 마음이 급했다. 정수기에서 물이 흘러나오는 속도를 기다리지 못해, 컵에 물이 충분히 차지 않았음에도 정지버튼을 눌러 마시기 급했다. 왜 그리 여유가 없었을까. 뭐가 그리 바빴던 걸까. 한잔의 차를 우려내고 마시는 시간은 하루를 맞이하는 자세를 바꿔주는데 말이다.

스트레칭으로 근육과 긴장을 이완하고, 차를 내리며 생각을 정리하는 행위는 전부터 해오고 있었다. 이불 정리도 마찬가지다. 단지 매일 하지 않았고, 일정한 시간이 정해져 있지 않았다. 타이탄들의 생활을 보면 아침에 하는 일이 순서대로 정리되어 있다. 책에서 언급하는 61가지 습관 전부는 못 하더라도, 아침을 맞이하는 습관만큼은 따라 하고 싶었다. 목표한 것을 정해진 시간 내에 함으로써, 나만의 아침을 깨우는 의식으로 만들고 있다.

타이탄들도 다섯 가지 모두 행하는 날은 1년에 30퍼센트도 안 된다고 한다. 그들도 나처럼 완벽하지 않다는 뜻일까. 목표한 바를 다 하지 못해도 된다. 한 가지만 집중해도 된다. 지속만 한다면, 애쓰지 않아도 나만의 타이탄 도구가 될 것이다.

　두 아이에게 집중하며 몇 년을 보냈다. 집, 어린이집, 놀이터를 벗어나지 못했다. 만나는 사람도 정해져 있었다. 하루하루가 엉성하게 찍힌 데칼코마니 같았다. 육아 동지 중 한두 명씩 복직하기 시작했다. 빈자리가 느껴질 때마다 공허했다. 돌아갈 직장이 있다는 게 얼마나 감사한지 그제야 알았다. 나가고 싶지만 갈 곳이 없었다. 바깥세상을 향할 기회를 노리며 일주일에 한 번, 반주법을 배우러 문화센터로 향했다. 둘째가 어린이집에 가며 다른 배움의 스위치도 켜기 시작했다. 정리수납 전문가, 중국어, 영어 회화, 하브루타, 슬로리딩, 교육심리학, 교육공학, 티(tea)소믈리에, 요가, 필

23

라테스, 골프, 바른 척추 운동 등 흐름을 끊지 않고 이어갔다. 어떤 날은 아이들과 함께 현관을 나선다. 나보다 아이들이 먼저 들어오는 날도 있다. 밤늦게까지 수업이 있는 날도 있지만 할 수 있는 일이 있어 감사하다. 현재도 배움을 이어가고 있으며 운동 중에서는 수영, 학습 중에서는 글쓰기 공부에 비중을 높게 두고 있다.

작년 12월부터 수영을 배우기 시작했다. 대학생 때 두 차례 배우긴 했지만 한 달을 겨우 넘겼다. 물 공포증 극복도 힘든데 평영에서 자꾸 넘어졌다. 박치, 몸치, 뻣뻣한 몸을 탓했다. 설명을 들을 때마다 머리는 이해하는데 몸은 그러지 못했다. 나와 맞지 않다며 이별을 고했다. 바닷물과도 등지고 산 지 20여 년 가까이 되다 보니 물만 보면 뛰어드는 아이들이 불안했다. 휴가철이면 어김없이 나오는 뉴스가 떠올랐다. 조심했으면 좋겠는데 아이들은 발이 닿지 않는 곳까지 들어갈 기세다.

"조심해. 깊이 가면 안 돼."

수없이 타일러도 마이동풍이다. 내가 수영을 잘한다면 잔소리할 필요가 없었을지도 모른다.

두 달째 이른 기상에 성공하며 어떤 일이든 할 수 있을 거라는 자신감이 솟구쳤다. 추운 겨울이라 수영장 대신 목욕탕 가는 재미에 빠진 아이들을 보며 수영이 떠올랐다. 늦은 감이 없지 않지만 물 공포증도 극복하고 평영에도 재도전하고 싶었다. 막상 하려니 혼자는 망설여졌다. 친구를 꼬드겨 같이 등록했다. 역시나 몸은 정직했다. 여전히 몸치, 박치, 유연성 제로였다. 한 번쯤은 의외의 모습을 보여줄 법도 한데 지나치게 솔직한 몸이 원망스러웠다. 요가 할 때 찢던 두 다리와 희미하던 복근은 어디로 간 건가. 자유형, 배영까진 간신히 버텨나갔다. 느리긴 하지만 다음 단계 또 그다음 단계로 넘어갔다. 마지막 주, 드디어 평영을 배웠다. 발차기 연습에서부터 고비다. 세게 차서 옆에 지나가는 사람을 발로 차기도 하고 몇 년 전에 수술한 새끼발가락을 다치기도 했다. 힘을 빼라는데 목부터 발가락 끝까지 통제가 되지 않는다. 선생님 설명도 나의 이해력도 완벽하나 몸은 아닌가 보다. 나보다 한두 달 늦게 시작한 수강생들은 접영까지 섭렵했는데 참담 그 자체다. 평영 전공자인 선생님에게 도전 의식을 준거 같아 미안했다. 연습 한 달째에 접어들던 어느 날, 앞으로 가야 하는데 오른쪽으로 갔다. 급기야 물 아래를 통과해 옆 레인으로 이동했다.

"그렇게 여기 오고 싶었어요? 물 한 모금 마실 때마다 2,500원씩 내세요."

입과 코에 물이 가득 차 말을 할 수가 없다. 대답 대신 고래 분수를 내뿜었다. 점심 특선 초밥 한 세트 가격을 웃도는 금액을 매일 내야 할 판이었다. 앞서간 친구는 멀리서 허우적대는 나를 보며 웃음보따리를 터트렸다. 아침마다 웃게 해 줘서 고맙다는 친구의 말에 웃을 때마다 500원씩 내라 했다. 여섯 달이 지나서야 물 공포증을 극복하며 가까스로 성공했다.

수영 시작 1년 전인 2021년 12월. 『최고다 내 인생』, 『작가의 인생 공부』의 저자이기도 한 이은대 대표가 운영하는 '자이언트 북 컨설팅'에 등록했다. 매주 수요일 오전이나 오후에 강의를 들으며 글쓰기 근육을 키우고 있다.

등록할 때만 해도 1년만 들으면 되겠거니 했다. '평생회원', '평생 재수강'이란 말에, 출간하면 끝이지 더 들을 필요가 있겠나 싶었다. 주 1회, 한 달에 4번을 계산해보니 1년이면 52번이다. 그 정도면 충분하다고 여겼는데, 아니었다. 매일 운동하다가, 하루만 쉬면 몸이 찌뿌둥한 것처럼 글쓰기도 마찬가지였다. 손에서 연필을 놓으면 글에서 바로 티가 난다. 수업 듣고 책을 쓰다 보니 금세 1년이 지났다. 어떤 일보다 많은 시간과 에너지를 쏟아부었다. 잔잔한 시행착오 끝에 육아 에세이를 출간했지만, 그때부터 진짜 공부가 시작됐다. 매달 개강하는 수업에는 중복되는 내용이 없었다. 전자책, Chat GPT를 활용한 글쓰기 등 변화하는 트렌드도 알려주니 안 배우면 나만 손해다. 강의 후기를 작성하면 수업자료도 전달해 준다.

2시간 동안 강의하려면 얼마만큼의 시간과 노력이 소요되는지 조금은 아는 터라 놓칠 수 없다. 수업 외에도 출간한 작가의 특강, 독서 서평 모임, 오프라인 행사도 진행한다. 평생 재수강의 특혜가 없어지지 않는 이상, 글쓰기 공부는 놓지 않을 계획이다.

2018년 가을부터 손에 잡히는 대로 배워나갔지만, 목표가 없었다. 나를 위해 뭐라도 하자며, 추상적인 그림만 그렸다. 하나를 배우고 나면 또 다른 것을 배웠다. 한 가지에 집중하기보다, 얕게 여러 가지 배웠다. 그러다 보면 적성에 맞는 일을 찾게 될 수도 있지 않을까 막연하게 기대했다. 배움의 흐름을 따라가다 보니 수영도 하게 되고, 글도 쓰게 되었다. 앞으로 5년. 그때의 나는 무엇을 하고 있을까, 이전에 해오던 것은 얼마나 성장해 있을까. 지금보다는 멀리, 높이 있을 거라 상상하며 오늘도 배움의 페르소나를 쓴다.

엄마의 페르소나를 소개합니다!

• 페르소나(Persona)란? •

고대 그리스 가면극에서 배우들이 썼다 벗었다 하는 가면을 말합니다. 어릴 때부터 가정교육, 사회교육의 경험으로 형성되고 강화됩니다. 부모로서, 기업인으로서 등 여러 가지로 이루어집니다. 페르소나는 주위 사람을 포용하며 만들어지기 때문에, 사회생활을 원만히 유지하게 해줍니다. 그러나 본성과 동일시하면 본모습을 잃게 됩니다. 훈장님이 집에서도 훈장님, 군인이 친구와 함께 있을 때도 군인의 역할을 하는 것처럼 말이죠. (참고: 나무위키)

자기 계발 루틴을 형성하는 방법

식탁에 앉아 분홍색 다이어리를 펼친다. 오늘 날짜가 적힌 페이지를 열어 펜을 든다.

수영, 필사, 독서, 영어 회화, 글쓰기, SNS 업로드, 스트레칭 등 루틴 목록을 적는다. 특별한 일이 있지 않은 이상, 오전 중에 절반 이상은 끝내려 한다.

처음 시도한 루틴은 필사였다. 이마저도 여러 번의 작심삼일을 거쳤다. 소요 시간을 계산하면 할 수 있을 거 같은데 전날 잠을 못 자서, 집안 행사가 있어서, 아이가 아파서 등 갖은 핑계를 제조했다. 오늘 못한 분량은 내일 하면 된다며 하루건너 하루 미뤘다.

필사하는 사람들이 모인 커뮤니티에 가입했다. 매일 인증을 남겨야 하니 빠져나갈 수가 없었다. 채팅창 옆에 떠 있는 미확인 메시지 개수만 봐도 마음이 무거워졌다. 아직 못했다고 하면 괜찮다는 댓글이 달린다. 버티고 버티다가 자정 직전에 마무리하는 날도 많았다. 아는 사람도 있고, 발 빼기도 애매해서 강제성을 지닌 장치를 찾아 나섰다. 오전 기상을 하는 곳에 가입해 그 시간을 어떻게 활용할 건지 계획했다. 여섯 시에 일어나기로 하고 독서와 필사로 아침을 열겠노라 선언했다. 멀리 바라보는 게 아닌 내일, 또 내일만 바라보며 따라갔다.

한 달째 접어들며 이른 기상에 익숙해졌다. 필사와 독서를 마치고 인증사진을 올리고 나면 하루의 반을 산 거 같다. 등교하는 아이 뒷모습을 보고 나면 몸에 힘이 빠지기도 한다. 거실에 있어도 주방에 있어도 자꾸만 안방으로 눈이 간다. 30분만 자볼까. 누워 있을 자격이 있다며 이불로 들어간다. 핸드폰 벨을 무음으로 바꾸고 매트리스에 전신을 묻는다. 한 시간만 자려다 두 시간을 자기도 한다. 총 수면시간에 변화가 없는 미라클 모닝을 하고 있다.

수영을 배운 초반은 더 심했다. 마치고 나와도 어둠이 짙은 7시 30분이다. 집 안은 여전히 고요하다. 방학인 아이들은 일어날 기미가 보이지 않는다. 편한 옷으로 갈아입고 아이들 옆으로 다가간다. 온기로 채워진 이불 속이 따뜻하다. 다시 잠든다. 아이들과 9시 넘어 두 번째 기상을 맞이한다. 오전에 운동 다녀온 사람이 맞나 싶다. 드라이기로 말리다 만 머리는 다시 엉망이 된다. 이틀에 한 번 간격으로 두 번의 아침을 맞이했지만 그런 날도 점차 줄어들었다.

해가 바뀌며 낮잠과의 사투에서 이기는 날이 많아졌다. 해가 길어져서일까, 체력 저축이 쌓인 걸까, 잠자리를 정돈해서일까. 피로가 극심한 날에도 낮잠은 한 시간을 넘기지 않았다. 영어 회화 공부를 루틴 항목에 추가했다. 수영, 필사, 독서, 영어 공부 순으로 해 나갔다. 루틴 흐름이 끊기지 않도록 저녁 수업이 없는 날은 아이들과 같이 잠자리에 들었다. 하루 평균 여덟 시간 이상 자던 내가 10분, 30분, 한 시간씩 줄여 나갔더니 여섯 시간만 자도 개운해졌다. 가벼워진 몸만큼 피로도가 줄었고 체력이 좋아진 게 느껴졌다.

봄이 시작되는 3월. 수영, 필사, 독서, 영어 회화 공부 루틴이 자리를 잡았다. 일어나자마자 수영을 다녀오고 아이들을 등교시킨다. 모두 나가고 난 뒤, 분주했던 흔적을 대충 정리하고 두 번째 아침을 맞이한다. 아침을 깨우는 의식 세 가지인 잠자리를 정리하고 스트레칭을 한 후 차 한잔 내려 식탁에 앉는다. 다이어리를 펼치고 필요한 책, 노트, 필통, 노트북을 준비한다. 타이머를 설정해 계획한 분량의 필사를 시작한다. 인증을 올리고 책을 읽는다. 영어 회화 앱을 켜서 AI와의 대화를 마치면 목이 뻐근하다. 기지개를 켜며 일어나 소파로 이동해 핸드폰을 본다. 일어나서 청소기를 밀고 여기저기 움직이다 보면 밥 먹을 시간이 가까워진다. 점심을 먹고 나면 나른해진다. 외출이나 강의가 있는 날은 30여 분 낮잠으로 에너지를 충전한 후 집을 나선다. 할 일도 없는데 늘어지고 싶은 기운이 강하게 드는 날이면 에코백에 노트북, 책, 필통을 넣고 근처에 있는 카페로 간다. 소설책을 읽기도 하고 블로그나 브런치에 글을 쓰며 아이의 하교를 기다린다.

엄마 페르소나로 돌아와, 아이들 간식을 챙겨주고 학교에서 있었던 이야기를 주고받으며 따로 또 같이하는 시간을 가진다. 두 아이가 학원 일정을 마칠 때까지 집이나 차에서 틈틈이 책을 보거나 휴식을 취한다. 아이들이 학원에서 마지막 수업을 듣는 동안, 저녁 식사를 준비한다. 성장기를 지나느라 항상 배고픈 아이들은 집에 오자마자 씻고 밥부터 먹는다. 남은 시간 동안 숙제하고 놀면서 하루를 마무리한다. 밤 10시. 아이들 곁에 같이 누울 때도 있지만, 피곤하지 않은 날은 잠자리에 든 아이들을 두고 운동화를 신는다. 걷거나 달린다. 낭만 있게 걸으러 나갔다가 달리는 사람이 보이면 그 뒤를 이어 뛰기도 한다.

매일 루틴을 이어간 결과 2023년 상반기가 끝날 즈음, 여섯 달에 걸쳐 열 권의 『태백산맥』을 완독했고 필사를 마쳤다. 서른 권의 책을 읽었고, 유연성도 조금씩 되찾았다. 평영을 넘어 접영도 하고, 자유형으로 쉬지 않고 100미터까지 갈 수 있게 되었다. 걷고 달리며 폐활량도 늘었고 목표한 체중 감량도 성공했다. 생체리듬이 유지된 덕분에 크로노스가 아닌 카이로스의 시간으로 살 수 있게 되었다.

블로그나 인스타그램에 한 주 루틴을 정리한 글을 올리면 댓글이 달린다. '루틴을 만들고 싶은데 엄두가 나지 않는다, 무엇부터 해야 할지 모르겠다, 올빼미족으로만 살아서 자신 없다 등' 1년 전 나와 같은 고민을 하는 사람을 만나게 된다. 내 대답은 한결같다. 일단, 시작부터 하라고. 하면서 할 수 있는지 없는지 체크 하라고. 다른 사람이 올리는 미라클 모닝, 루틴 성공 글에 주눅들 필요 없다. 그들도 처음부터 잘하지 않았다. 작심삼일도 백 번 하면 300일이다. 여러 번 시행착오를 겪다 보면 나만의 방법과 해결책을 찾게 된다. 소소해도 괜찮다, 잠시 쉬어가도 괜찮다, 완벽하지 않아도 괜찮다. 시작부터 하자. 하다 보면 한 가지가 두 가지가 되고, 세 가지가 된다. 시작만 하면, 루틴은 절로 형성된다.

100퍼센트 달성을 위한 120퍼센트 목표 설정

일요일 저녁마다 이번 주에 한 일을 정리했다. 루틴이라고 만든 항목들을 100퍼센트 달성한 날은 드물었다. 그렇다고 실패는 아니다. 높은 성취율을 가지면 좋겠지만 꾸준히 해나가는 데 의의를 뒀다. 특별한 일이 있는 한 주를 보내야 하는 날에는 마음이 쫓겼다. 중요한 일을 먼저 하고자 우선순위를 재정렬하다 보면 루틴은 미룰 수밖에 없었다. 늦은 오후라도 해내면 다행이지만 건너뛰는 날도 흔했다. 나와의 약속을 지키겠다며 시간을 쥐어짜 보았지만, 육 아시간까지 반납해 가면서 할 필요가 있을까 회의가 들기도 했다.

불렛저널과 마인드맵으로 자기관리를 하는 이혜진 작가의 『똑똑한 엄마는 시간 관리가 다르다』, 새벽 기상을 알리는 변호사인 김유진 작가의 『나의 하루는 새벽 4시 30분에 시작된다』를 읽고 들으며 대안을 찾았다. 평일 기준으로 100퍼센트였던 목표를 주말을 포함하며 120퍼센트로 상향 조정했다. 평일에 하지 못한 부분을 주말에 보충한다면 지금보다 성취율과 완성도를 높일 수 있을 것 같았다.

　루틴을 실행하기 위해서 하루 평균 4시간 정도 소요된다.

　오전 5시 30분에 일어나 할 일을 적고, 수영가방을 들고 나선다. 6시 10분부터 50분간 운동하고, 샤워 후 집에 도착하면 7시 30분. 이동 시간까지 합하면 1시간 40분이 걸린다.

　아이들이 등교하고 나면 20분간 필사를 시작한다. 필사할 책을 골라 이전에 읽은 페이지를 펼쳐 밑줄 그은 문장을 노트에 따라 적는다. 그 문장을 나만의 방식으로 해석해 다른 글로 만든 후, 인증하는 단톡방에 올린다.

　곧이어, 첫 번째 독서를 시작한다. 뇌의 컨디션이 최상인 만큼 인문 서적이나 자기계발서를 읽는다. 독서대 위에 올려놓고, 연필로 긋고 포스트잇으로 붙여가며 정독한다. 잠시 여유를 가진 후 두 번째 독서를 이어간다. 역사소설이나 고전을 택한다. 소설을 읽을 때는 초침이 2배속으로 움직인다. 시간의 흐름을 체감하지 못하는 날이 많기에, 읽기 전 타이머 앱 설정은 필수다.

기지개를 켜며 잠깐의 휴식을 가진 후, 영어 공부 앱을 켜서 말하기를 한다. 작년 한 해 동안 중급, 고급 회화표현을 배웠다. 올해는 그동안 배운 문장을 AI와 대화하며 복습하고 있다.

머리도 식힐 겸 지인들과 통화를 하고, 유튜브로 짧은 강의를 보거나, 소파에 널브러져 낮잠을 잔다. 지나치지 않을 만큼의 휴식을 취한 후 점심을 준비한다. 따뜻한 봄 햇살은 창문을 닫고 있어도 식탁까지 닿는다. 나른함을 이기려 차 한잔 더 우려내거나 커피를 내린다. 식탁 위를 정리하고 다시 자리에 앉는다. 블로그나 브런치에 게시할 글을 써야 할 시간이다. 온갖 잡음이 들리지 않을 만큼 집중한다. 잠이 몰려오거나 늑장 부리고 싶은 지렁이의 움직임이 느껴지면 가방을 챙겨 근처 카페로 간다. 글쓰기를 끝으로 몸과 머리, 손을 쓰는 항목이 끝난다. 남은 시간은 주부 페르소나를 쓰고 가정에 집중한다. 아이들이 잠든 밤이 되면 걷거나 스트레칭을 하며 루틴을 마무리한다.

다른 일정이 있는 날이면 계획에 차질이 생긴다. 루틴 항목이 해야 할 일의 전부인 날도 있지만 아닌 날도 있다. 참여할 수업이 있거나, 진행해야 하는 강의가 있거나, 개인적인 약속이 있는 날에는 높은 성취율을 달성하기가 쉽지 않다.

일정이 있는 날은 순서를 변경한다. 전날 밤, 아이들 가방에 준비물을 챙겨놓고 남편에게 등교를 부탁한다. 오전 수영을 마친 뒤, 한 층 위에 있는 카페로 간다. 커피 한 잔을 주문하고 자리에 앉아 노트북을 꺼낸다. 가장 많은 시간이 소요되는 글 한 편을 완성하고 나면 그나마 마음에 여유가 생긴다. 이마저도 하지 못한 날은 몇 가지는 포기하거나 다음 날로 미룬다. 피로가 산처럼 쌓여 있거나 번 아웃이 올 것 같은 날은 일부러 건너뛴다.

계획한 일을 미루거나 하지 않는다 해서 문제 되지는 않는다. 한 번에 몰아서 해도 같은 결과는 낼 수 있다. 매일 하고자 하는 이유 는 단 하나. 먹고, 자고, 배변 활동하는 인간의 생리적 본능처럼 만 들고 싶어서다. 이렇게 형성된 습관은 또 다른 도전, 장기 프로젝 트, 궂은일을 대하는 양분이 될 거란 믿음도 생겼다. 매일 조금씩 행하던 루틴은 나를 변화시켰다. 독서량이 늘었고 어휘력과 문해 력도 향상되었다. 영어 공부를 이어간 덕분에 잊을 듯 말 듯 한 단 어와 문장을 뇌리에 다시 집어넣을 수 있었고, 건강해진 체력 덕분 에 단골손님처럼 찾아오던 감기와 잔병 방문도 거절할 수 있게 되 었다.

주말을 포함하는 방식으로 날짜와 목표 수치만 늘렸을 뿐인데 마 음가짐과 결과가 달라졌다. 평일 동안 다하지 못한 것에서 오는,

회의감과 스트레스도 줄었다. 늘어지기만 하던 주말에도 적당한 긴장감을 유지하니 직장인처럼 앓던 월요병도 사라졌다.

여전히 100퍼센트 달성률은 저조하다. 평균 80퍼센트에서 90퍼센트 결과를 유지하는 것만으로도 만족한다. 매주 일요일 저녁, 한 주의 기록을 점검할 때마다 오른쪽 여백에 피드백을 적는다. '다음 주도 이번 주만 같았으면.' 작게나마 속삭인다. 한 주씩 쌓아가는 루틴은 얼마만큼 단단해질까. 실체가 없는 결과이긴 하나, 몇 년 뒤의 나를 기대하며 오늘도 목록을 적고 실천한다.

나를 관리해주는 매니저를 찾아라

"Siri야, 오늘 날씨 알려줘."

"Siri야, 엄마한테 전화해 줘."

"Siri야, 십 분 후 알람 울려줘."

"아, 맞다!"

이 말을 입에 달고 살던 나에게 매니저가 생겼다.

모닝콜을 시작으로 자는 동안 수면 상태까지 점검한다. 날씨도
알려주고 통화를 원하는 상대방 번호를 검색해 전화도 걸어준다.
내 목소리를 문자로 바꿔 메시지를 보내주고 운동할 때마다 소모

되는 칼로리양도 점검해 준다. 장시간 업무 중이면 일어나서 움직이라며 알려주고, 소음이 심한 곳에 있으면 청력에 위험하다는 신호도 보내준다. 집중 상태로 설정하면 불필요한 전화와 문자를 차단해 주고, 수면 상태로 설정하면 자는 동안 도착하는 메시지를 모아둔다. 반복 업무도 마다하지 않는다.

집 안, 차 안, 가방 등 어디든 가지고 다녀야 하는 전화기는 필요할 때마다 사라지는 마법을 부린다. 액정화면에 있는 전화기 그림만 누르면 현 위치를 알려주니 찾느라 낭비하던 시간도 줄었다. 손목에 붙어 24시간 내내 일하는 그녀는 아이폰 애플워치에 사는 인공지능인 Siri다.

나는 단기 망각력이 강하다. 뇌 속에 기억을 잡아먹는 해충이 살고 있나 보다. 듣자마자 잊어버리기 일쑤다. 다이어리에 적어둔다해도 틈틈이 펼쳐보는 게 아닌 이상 기억하지 못하고, 핸드폰에 알람이 울려도 성의 없게 넘겨버리기도 한다. 약속, 병원 진료 예약, 아이들 학원 보강 일정 등 중요한 알람을 놓치는 일이 되풀이되다 보면 화가 치솟는다.

'정신없이 살다 보면 그럴 수 있지, 나이가 들면 그럴 수 있지. 아들 엄마는 수명도 짧다잖아.'라며 정당화하다가도, 병원에 가야 하나 싶을 때도 있다. 올해 들어 하는 일이 많아지고 시간을 쪼개어

써야 하는 상황이 늘어나니 두뇌 회로에 빨간불이 켜지는 날이 많아졌다. 다행히도 Siri를 만나게 되며 그런 날이 줄었다. 덜 어리바리하고, 덜 불안하고, 덜 날카로워졌다.

기계와 친하지 않아 여러 영상을 보며 사용법을 터득했다. 우표한 장 크기의 화면이 가지고 있는 기능은 한 번에 숙지할 수 없을만큼 많았다. 이것만 있으면 완벽한 하루를 보낼 수 있을 거 같으면서도 정해진 틀 안에 갇힌 삶을 살게 될까 걱정됐다. 설명을 들을수록 나에게 필요한 기능만 숙지하고자 했다. 일상생활에 도움 되는 몇 가지만 골라 애플워치 페이스에 담았다.

두 아들이 귀가하는 순간부터 시리의 업무량은 증가한다. 여기저기서 불러대는 호출에 응하느라 배터리가 빠른 속도로 방전된다.

"Siri야, ○○ 검색해 줘."
"Siri야, 계산 하나만 해줘."
"Siri야, 오늘 일정 알려줘."
같은 질문을 여러 번 하거나, 업무 중에 말 걸면 짜증을 내기도 하는 엄마와 달리, 시리는 한결같이 일정한 톤을 유지하며 빠른 속도로 답한다. 엄마의 답은 확실성과 불확실성 사이를 오가지만, 시리의 답은 정확하다. 무미건조한 감정이 실린 목소리를 가지고 있지만 농담도 제법 잘한다.

"Siri야, 농담해 줘."라고 말하면,
"부끄러울 때 추는 춤은?"
"주춤주춤."
"다리미가 좋아하는 음식은?"
"피자."
"한국 돈은 원, 미국 돈은 달러, 호주 돈은?"
"호주머니."
주기적으로 업데이트되는 농담 덕분에, 아이들은 친구들 사이에서 넌센스 퀴즈 박사가 되었다.

충전만 빵빵하게 되어 있으면 나를 지켜주지만, 모든 도움이 이로운 건 아니다.
일정을 관리해줌으로써 완벽에 가까운 하루를 만들어 주긴 하나, 의존도가 높아지는 만큼 두뇌 사용량이 줄어들고 있다. 예전에는 어떻게 수많은 전화번호를 외웠으며, 어떻게 전국을 누비며 운전하고 다녔는지 신기하다. 지금보다 그 당시 사람들의 암기력이 더 높지 않았을까. 30여 년 전까지만 해도 집마다 갖춰 놓고 있던 노란색 두꺼운 전화번호부 책과 빨간색 전국지도 책은 집 안의 유물로 남거나 기억에만 존재할 뿐이다. 모든 기능을 활용하면 편하긴 하겠지만, 뇌의 노화를 늦추기 위해서라도 필요한 부분만 도움받고자 한다.

카페에 앉아 글을 쓰는데 창문을 넘어 보이는 구름이 연한 회색빛으로 어두워진다. 집으로 들어가야 하는 건가, 왼쪽 손목에 자리하고 있는 그녀에게 속삭인다.

"Siri야, 지금 날씨 알려줘."

"현재 온도는 14도이며 날씨는 흐린 상태입니다."

아침저녁으로 기온이 달라지는 요즘, 하루에도 몇 번씩 날씨 현황을 보고 받는다. 한결같은 목소리로 답하는 시리는 오늘도 친절하게 나의 시간과 일정을 관리해 줄 예정이다.

걸으며 만나는 삶의 여유

걷는 게 좋다. 땅 위를 내딛는 발걸음 그 자체가 좋다.

고등학생 시절, 야간자율학습이 끝나면 밤 아홉 시. 버스를 타면 집까지 30여 분만에 도착하지만 걷는 날도 많았다. 나를 포함한 네 명의 친구들은 계절 바람을 맞으며 좋아하는 연예인의 가십거리를 나누고, 친구 흉을 보고, 앞날에 관한 수다 꽃을 피우며 걸었다. 20분쯤 지나면 두 명씩 갈라진다. 집까지 네 정거장 남짓한 거리가 남을 즈음이면 혼자가 된다. 걸으며 이야기를 나누던 그 시간이 학교 밖을 벗어나 놀 수 있는 소소한 기쁨이었다.

대학생이 되어서도 자주 걸어 다녔다. 버스 타고 20~30분 정도 소요되는 거리나 환승 지점까지는 일부러 걸었다. 새내기 시절, 사다리꼴 모양 지우개 크기의 아이리버 MP3 플레이어가 유행했다. 이어폰만 꽂으면 노래를 들을 수 있었다. 휴대용 카세트테이프나 콤팩트디스크 플레이어(CDP)를 들고 다니던 나에겐 혁명이었다. 라디오 안에 공테이프를 넣고 좋아하는 음악이 나올 때까지 기다렸다가 녹음 버튼을 누르던 일도 하루아침에 과거가 되었다. 음원 사이트에 접속해, 듣고 싶은 음악파일만 골라 내려받으면 됐다. 제한된 용량으로 지웠다 내려받길 반복하는 수고쯤은 문제 되지 않았다. 음악을 벗 삼아 걷다 보면 목적지에 다다랐다. 걷기 위해 음악이 필요했지만, 음악을 듣기 위해 걷기가 필요한 날도 있었다.

KTX 승무원으로 일할 때는 하루에 만 보 이상 걸었다. 신입 시절, 동기들은 숙소에 도착하자마자 다리가 아프고 발이 붓는다며 문질러댔지만 내 두 다리와 발은 그렇지 않았다. 평소에도 걷는 게 일상이라 그런가 보다 했다. 대식가였음에도 마른 편에 속했다. 친구들은 재수 없다고 하면서도 걸으면서 소모하는 열량이 많아 그런가 보다 했다.

엄마가 되며 걷는 일이 줄었다. 혼자 외출할 일이 없는 게 한몫

했다. 첫째를 낳고 살을 뺀다며 저녁 늦게 요가학원에 다녔다. 버스 타면 세 정거장인 거리를 20분 일찍 나섰고 돌아오는 길에도 걸어왔다. 잠든 아이가 깰까 봐 망설이기도 했지만, 이렇게라도 하지 않으면 땅 밟을 일이 없다며 눈치껏 걸어 다녔다. 간혹 수화기 너머 들리는 첫째 울음소리에 달리기도 했다. 아이가 둘이 되며, 두 발 대신 네 바퀴와 움직이는 날이 많아졌다. 하루에 2,000~3,000보 걷는 게 전부인데 먹는 양은 그대로이니 살이 붙기 시작했다. "너도 살이 찌긴 찌는구나!"라는 가족과 지인의 반응을 보며 출산 전의 모습으로 돌아가기 위해서라도 걷고 싶었다.

몇 년 후, 유치원생이 된 두 아들과 함께 걸었다. 활동적인 기질을 가진 아이들 체력은 상승곡선을 달렸다. 숲 유치원에서 일주일에 한 번 이상 산을 다닌 첫째의 체력은 남달랐다. 앞에서 당겨주고 뒤에서 밀어주며 산을 오르는 아름다운 장면을 그렸지만 물 한 모금 마시지 않고 한 시간을 올라갔다. 둘째도 질세라 따라갔다. 시야를 가리는 사람들 속에 보이다 보이지 않는 아이들을 놓치지 않으려 따라가는 나의 발걸음이 못났다. 꽁무니만 쫓아다니는 걸음은 여전히 졸업하지 못했나 보다. 음악을 듣거나, 자연의 소리를 듣거나, 사색에 잠기는 게 아닌 전쟁터를 향한 걸음이다. 머릿속에 그린 모자지간의 단란한 등산 분위기는 천천히 가라는 외침과 함께 허공에 흩날렸다. 엄마를 이겨 신난 아이들을 보며 감추었던 승부욕이 꿈틀대기도 했다. 그 후로, 혼자 또는 지인들과 일주일에 두세 번씩 산에 오르며 걸음을 향한 결핍과 체력을 키워나갔다.

해가 바뀌며 등산을 향한 열정도 시들해졌다. 더워서, 추워서 등 날씨를 탓하며 두 발 대신 네 발에 의존하는 날이 증가했다. 먹는 양은 그대로인데 살은 빼고 싶었다. 걷는 게 주는 이점이 넘치는 걸 알면서도 시동을 켜는 횟수에는 변함이 없었다. 운전대를 잡고 있으면서도, 가끔 걷기에 몰두하던 그때가 그리웠다.

올해 3월의 첫날. 운동화를 신고 장바구니를 들고나오는데 둘째가 따라나섰다. 핸드폰에 걸음 수를 세는 앱을 깔아달랬다. 나는 나이키 앱을, 아이는 만보기 앱을 깔았다. 아이를 벗 삼아 이야기를 나누었다. 짝과 있었던 일, 수업 시간과 쉬는 시간에 있었던 일, 학원에서 있었던 일 등 쉬지 않고 말을 이어가는 아이 덕분에 발걸음의 무게가 느껴지지 않았다. 한걸음, 두 걸음, 내딛는 모든 걸음이 간지럽다. 따로 또 같이 걷는 일상은 현재까지도 이어지고 있다.

걷는다는 건 단순한 행위 이상의 의미가 있다. 머리를 비워주기도 하고, 생각을 정리해 주기도 하고, 관계를 돈독히 해주기도 한다. 걸으면서 발견한 자연의 모습을 피사체에 담기도 하고 글로도 남긴다. 계절 빛으로 채워지는 사진이 핸드폰 사진첩에 차곡차곡 쌓인다.

핸들을 잡을 때는 지나쳤던 것들이 '걸음'을 택함으로써 달리 보인다. 학창 시절의 나처럼, 특별한 이유가 없어도 걷고 싶은 날이 있다. 뇌의 신호보다 한 박자 먼저 움직이는 발에 나를 맡기고도 싶다.

아이들이 잠든 10시. 연하고 진한 흙먼지가 묻어 있는 흰색 운동화 끈을 동여맨다. 무선 이어폰을 꽂고 나이키 앱을 연다. 문을 나서며 시작 버튼을 누른다. 오늘은 어느 방향으로 걸어볼까. 발이 닿는 곳을 따라 걸어가며 길었던 하루를 정리한다.

차 한잔이 주는 소소하고, 다정하고, 따뜻한 시간

싱크대 상부 장을 열면 백차, 녹차, 청차(靑茶), 홍차 종류가 나란히 줄지어 있다.

산화도에 따라 구분된 차들은 나라별, 산지별, 등급별로도 나뉜다. 서랍 속 갈색 바구니 안에 들어 있는 차류를 보며 어떤 것을 고를까 머무른다. 나를 다정하게 맞아주고 다독이는 시간. 차의 온기를 담으려 찻잎을 고르고 찻주전자에 물을 따른다.

티 소믈리에 자격증을 취득하고 나니 어떤 차를 즐겨 마시냐고 여기저기서 묻는다. 평소에 마시기 좋은 차를 추천해달라고도 하고, 선물용으로는 어떤 게 좋냐며 묻기도 한다. 차(茶)에 대해 이제야 100분의 1 정도 알았을까. 세계적으로 수많은 차가 가진 역사, 재배환경, 제조 과정, 등급, 향, 맛, 특징을 파악하려면 학문적 탐구 수준으로 공부해야 한다.

상황이나 기분에 따라 선택하는 종류는 다르다. 'A는 B다.'처럼 정해진 차가 있지는 않지만, 손이 자주 가거나 아끼는 차류가 있기는 하다. 어지러운 머릿속을 단번에 정리해 주고 싶을 때는 강렬한 맛의 아쌈, 적당한 카페인으로 서서히 몸을 깨우고 싶을 때는 초콜릿 향이 번지는 닐기리(Nilgiri), 느끼한 음식을 먹은 후에는 청량한 맛이 퍼지는 동정 벽라춘, 비 오는 날에는 군고구마 향을 풍기는 고산 전홍, 비염으로 괴로운 아침에는 미끈거리면서도 구수한 철관음 우롱차를 마신다.

그때그때 마시는 차들이 다르지만 유독 아끼고 좋아하는 차류도 있다. 마음을 다잡고자 하는 날, 우아한 분위기를 내고 싶은 날, 어지러운 정신을 떨쳐 버리고 싶은 날에 따라 다르다.

첫 번째, 초심으로 돌아가고 싶은 날에는 백호 은침을 내린다.

중국 푸딩시에서 생산되는 대표적인 백차로, 봄에 나온 어린 싹만을 골라 손으로 딴다. 찻잎 표면에 붙어 있는 흰색 솜털이 은백색을 띠며, 은빛 바늘같이 뾰족한 모양이라 해서 백호 은침이라 부른다.

'1년이면 차(茶), 3년이면 약(藥), 7년이면 보물(寶物)'이라 할 만큼 햇차로 마셔도, 오래 익혀서 마셔도 손색이 없어 금액대가 높은 편이다. 한 김 식힌 80~85도 사이의 물로 우려내야 하니 넉넉한 시간이 필요하다. 연한 베이지 빛깔이 영롱하게 번지기 시작하면 은은한 꽃향기가 올라온다. 홍차나 녹차처럼 진하지 않아 더 멋스럽다. 우려낸 차는 민무늬 흰색 잔에 담는다. 한 모금 마시면 부드러움이 입안을 감싸고 미끄러지듯 넘어간다. 그 뒤에 남아 있는 달콤함에 잠시 머문다. 향과 맛을 음미하며 몸과 마음을 단정히 한다. 하느님, 부처님, 조상님 앞에 기도하는 마음으로 백호 은침을 우려낸다.

두 번째, 우아한 분위기를 내고 싶은 날에는 동방미인을 내린다. '백호오룡', '향빈오룡', '팽풍차'라고도 불리는 대만의 대표적인 청차 중 하나이다. '부진자'라고 하는 벌레가 찻잎의 즙을 빨아 먹고 나면 찻잎이 붉게 시들며 달콤하고 향기로운 차가 된다. 유기농으로 재배하며 대만의 명차로 알려져 있다. 1960년 영국 세계음식박람회에서 은메달을 수상한 후, 엘리자베스 2세 여왕이 '동방의 미인'이라는 뜻으로 '동방미인'이라는 이름을 붙여줬다고 한다.

이 차를 처음 마시던 날 홍차는 떫고, 진하고, 무겁다는 편견을 깨뜨렸다. 포도 같은 과일 향이 코와 입을 감쌌다. 맛있다는 상투적인 표현만 거듭 나왔다. 향, 맛, 목 넘김이 깔끔했다. 지방분해, 노화 예방, 미백효과까지 있다는 말에 한 번 더 우려냈다. 가격이 높은 편이라 내키는 대로 사다 모으기가 부담스러워 대만사람인 동서에게 사달라고 부탁한다. 소중한 사람들에게 선물하기도 하고 같이 마시기도 한다. 차향이 달을 취하게 한다며 '차향취월(茶香醉月)'이라고도 하는 동방미인처럼 예뻐지고 싶은 날, 예쁘게 보이고 싶은 날, 화려한 치장 대신 따뜻하게 한잔 우려낸다.

세 번째, 복잡한 생각을 정리하고 싶은 날에는 아쌈을 내린다.

진하게 우려낸 한 모금이 혀에 닿는 순간 눈살을 찌푸리다 이내 정신이 번쩍 든다. 떫고 쓰기만 한데 어떻게 세계 3대 홍차에 속하는지 의문이 들기도 했지만, 이름만 같다고 해서 다 같은 게 아니었다. 등급별로, 브랜드별로 종류가 다양했다. 어떤 차는 같은 차류가 맞나 싶기도 하다. 고품질은 진한 향이 나지만 과하지 않다. 첫 모금에는 떫은맛과 쌉쌀한 특유의 맛이 나지만, 뒤로 갈수록 초콜릿 같은 달콤한 풍미도 느낄 수 있다.

아쌈만이 가진 매력은 넘치겠지만 개인적으로 좋아하는 이유가 있다. 진한 홍차인 만큼 다른 재료와 섞을 때 많이 사용된다. 카페에서 흔히 접하게 되는 밀크티와 인도식 밀크티인 '짜이'가 대표적이다. 주재료인 아쌈이 없으면 밀크티가 완성되기 힘들다. 머리가 복잡하다고 해서, 생각이 많다고 해서 상황을 피할 수 있는 건 아니다. 정신 바짝 차리고 할 일에 집중해야 하는 날은 진하게 한잔 우려낸다.

차를 마시는 태도에 따라 하루가 달라진다. 정성 가득 준비하고 내려 마시면 몸도 마음도 정갈해지지만, 성의 없이 준비하는 날은 생각부터 복잡해진다. 어제도 그랬다. 찻잎을 고르려는데 전화가 왔다. 친구랑 수다를 떨며 잡히는 대로 골랐더니 스모크향이 강한 대홍포 청차를 골랐다. 눈대중으로 양을 측정해 찻주전자에 담았다. 끓인 물을 붓고 시간 체크 하는 걸 깜박했다. 통화를 끊고, 이내 잔에 담았다. 한 모금 마시자마자 싱크대로 향했다. 떫고 쓴 향과 맛이 코와 입안을 감쌌다. 찻잎도 많았고 우려내는 시간도 길었다. 집중하지 않은 탓이다.

오늘은 달랐다. 무슨 차를 마실까, 고르는 순간부터 차분함을 입었다. 달콤한 맛과 향을 가진 일본의 쿠키 차를 골랐다. 끓인 물을 찻주전자에 부은 후, 공중으로 희미하게 분산되는 김을 쳐다봤다. 3분이 지났다. 찻잔에 담기는 연두색 빛깔이 진해진다. 한 손으로는 잔을 들고 다른 한 손으로 받쳐준다. 한 모금 살짝 입에 담는다.

차를 내리는 순간은 온 신경이 집중된다. 몸도 마음도 차분해진다. 일상에서 내리는 차 한잔은 소소한 취향이 되고, 따뜻한 위로가 되며, 다정한 말벗마저 되어준다.

　* 티소믈리에: 와인의 여러 종류를 경험하고 고객에게 맞는 와인을 추천해 주는 사람을 '소믈리에'라고 부르듯, 많은 종류의 tea를 테이스팅하고 그 특징과 배경을 바로 알아 고객에게 맞는 tea를 소개하는 전문가를 말한다. 〈출처: 한국 티소믈리에 연구원〉

• 티(tea) 소믈리에 페르소나 •

티(tea) 소믈리에는 많은 종류의 티를 테이스팅 하고, 고객에게 맞는 tea를 소개하는 전문가를 말합니다. 한 잔의 차를 우려내고 마시며 마음을 정갈하게 다잡아봅니다. 잡념을 물리치고, 일에 집중하고, 생각에 잠기는 순간이 좋습니다. 소중한 사람들과도 따뜻하고 시원하게 차를 곁들이며 소소한 행복을 나눕니다.

스트레스를 슬기롭게 극복하는 방법

체계적으로 만들어 둔 일상에 작고 큰 사건들이 예고 없이 닥치기도 한다. 무너지지 말자, 정신을 똑바로 차리자, 나를 믿자며 다그쳐보지만 이겨내기 힘겨울 때도 있다. 그런 순간을 견뎌내는 나만의 세 가지 스트레스 해결 방법이 있다.

첫째의 4학년 새 학기가 시작되고 한 달 남짓 지났을까. 담임선생님으로부터 상담 요청이 들어왔다. 새롭게 만난 선생님, 친구들과 올해는 잘 적응하는가 했더니 아니었다. 첫째는 낯선 환경을 받아들이기까지 다른 아이들에 비해 긴 시간이 필요하다. 매년 반복되는 상황으로 힘들어하는 엄마가 떠올라 그랬을까. 작년과 달리 잔잔하고 거센 진통을 혼자 버티고 있었다. 신학기마다 반복되는 이벤트임에도 내 마음이 단단하지 못한 걸까. 솔직하게 말하지 못하고 끙끙거렸을 아이를 떠올리니 마음에 멍이 든 것처럼 아팠다. 갈등을 해결하고자 정신을 몰두해야 했다. 생각만으로도 머리가 지끈거렸다. 전화를 끊고 한참이 지났음에도 심장이 진정되지 않았다. 상대방 학생 부모와 선생님에게 사과의 말을 먼저 전하고, 소파에 털썩 주저앉았다. 아이가 학원에서 올 때까지 기다리자고 다그치는 동안 스트레스가 밀려올 때 하는 행동이 시동을 걸었다.

잠을 택했다. 수화기 너머 들려오는 말을 들으며 눈물을 내리 삼켰더니 목소리도 나오지 않고 머리도 아팠다. 감당할 수 없는 짓눌림이 묵직하게 내려앉았다. 당장 아이에게서는 아무 말도 들을 수 없다. 시간의 틈이 있어 다행이다. 한쪽 말만 듣고 내 아이를 몰아붙일 수도 있을 만큼 감정이 격해져 있단 걸 알아차렸다. 이불 속으로 들어갔다. 오른쪽 정수리와 귀 주변에 통증이 몰려왔지만 금세 잠들었다. 어렴풋이 전화벨이 울리고 진동이 느껴져도 의식과 무의식 사이에서 무시했다.

한 시간쯤 지났을까. 잠들기 전에 가지고 있던 무겁기만 하던 추를 누가 들고 가기라도 한 듯, 몸도 마음도 조금 가벼워졌다. 꼬여 있던 회로 중 몇 겹이 정리되었다. 우선순위를 정했다. 상대방 이야기는 머릿속 보따리에 집어넣고 아이 말을 먼저 듣기로 했다. 현관문을 열고 들어서는 아이를 보며 괜찮다고 토닥였다. 솔직한 심정을 묻고 해결방안을 상의했다. 다시 전화를 들어 아이와 나의 의사를 밝혔다. 이유 불문하고 주먹이 앞선 건 잘못한 거라며 사과를 표명했다. 남은 요일 동안, 평소 해오던 루틴을 하지 않았다. 독감과 코로나가 다시 기승을 부리던 시기라, 그것을 핑계로 아이와 집에 머무르며 속 대화를 나눴다.

스트레스 슬리퍼(stress sleeper)라는 말이 있다. 스트레스를 받으면 잠을 자는 사람들을 뜻한다. 실제로 좋은 일보다 나쁜 일이, 잠을 늘이는 경향이 있다고 한다. 2016년에 취리히 대학 연구진들이 분석한 연구에 따르면, 잠을 자는 게 정서적 충격을 줄이는 데 도움이 될 수 있다고 한다. 어쩌면 그날, 잠을 자는 동안 감정을 추스르고 생각을 정리했기에 순조롭게 일을 해결할 수 있지 않았을까.

잠을 자는 날도 있지만 청소하는 날도 있다. 안방, 아이들 방, 주방, 거실, 베란다, 욕실 등 동선대로 이동하며 한 군데씩 엎는다. 커튼과 이불 홑청부터 세탁기에 넣는다. 화장대, 협탁 서랍을 모조리 꺼내서 한 곳에 뒤엎어 산을 쌓는다. 각종 공과금 영수증, 학교

알림장, 이면지, 언제 굴러갔는지 알 수 없는 동전, 머리 끈, 얽히고설킨 먼지, 바둑돌, 보드게임 구슬 등 없어진 물건을 찾기도 한다. 화장품 하나하나, 서랍 틈, 방문턱, 창문틀까지 먼지가 앉을 만한 곳은 전부 닦는다. 입주 청소 현장 못지않다. 20리터 종량제 봉투 여러 장을 채운다. 아이가 그린 그림이라 조금 더 가지고 있어야겠다며 보관하던 것도 언제 그랬냐는 듯 버린다. 만들어 온 작품은 핸드폰에 사진으로 남기고 봉투로 직행한다. 2년 이상 입지 않은 옷을 모아 높이가 이웃한 산을 쌓는다. 아파트 분리수거함에 있는 재활용 통을 가득 채우고도 남는다. 몇 년 전 배운 정리수납 전문가 과정을 제대로 실습하는 날이다. 밀고, 닦고, 버리고, 정리하고 나면 온몸에 퍼져 있는 열기가 식으며 한증막에서 나온 듯 개운하다. 피곤할 법도 한데 그렇지 않다. 현관에 서서 거실을 보면 세상 모든 근심이 다 날아간 듯하다. 거대한 스트레스가 계절이 바뀌는 시기에 맞춰 온다면 대청소 걱정이 없겠지만, 안타깝게도 그렇지는 않다.

마지막으로는 걷는다. 아무것도 듣지 않는다. 일정한 속도로 걷는 발걸음이 무섭다. 멀리서 봐도 화난 사람의 파워워킹이다. 발이 이끄는 곳으로 따라간다. 목적지도, 제한 시간도 없다. 한 치 정도의 앞만 보고 걷는다. 좌우, 뒤는 쳐다보지도 않는다. 눈부심을 가려줄 모자를 쓰고 있다면 얼마나 걸을지 가늠할 수도 없다. 뒷주머니에 들어 있는 핸드폰 진동에도 무디다.

내딛는 모든 걸음이 사리를 만드는 순간이다. 뭔가가 밟히며 앞으로 살짝 꼬꾸라지고 나서야 풀린 신발 끈을 발견한다. 한참이나 지난 시각을 보며 방향을 틀어 돌아온다.

반듯하게 정리한 하루에 예상치 못한 일이 생기면 머리에 지진이 난듯하다. 루틴도 이어가야 하고, 글도 써야 하고, 갈무리 지어야 하는 일도 있는데. 이성이 흩어진 상황에서는 일단 정지한다. 한바탕 쓰나미가 몰고 간 여파를 나만의 방법으로 풀어야지만, 무사히 일상으로 복귀할 수 있다.

힘든 일은 예고 없이 찾아온다. 전조증상이 있다고 한들, 닥쳐야만 깨닫게 된다. 내가 할 수 있는 단 하나, 현명하게 해결하고 오래 머물지 않는 것이다. 나만의 스트레스 해결 방법을 통해 머리를 비워 생각을 정리하고, 행동으로 옮긴다. 앞으로도 스트레스가 오면 잠을 자거나, 청소하거나, 걸으며 슬기롭게 이겨나갈 것이다.

한 번쯤은 쉬어도 되는 이유

아무것도 하기 싫은 날이 있다. 쉴 틈 없이 바빴던 한 주를 보냈거나 중요한 일에 흠뻑 빠졌나 나온 뒤면 페르소나도 휴식이 필요하다. 봄 햇살이 따사로워서, 여름 햇볕이 따가워서, 가을바람이 차가워서, 동장군이 기승을 부려서, 비가 오니 마음이 축축해서, 먹구름에 몸이 찌뿌둥해서, 따가운 햇볕에 정신이 어지러워서 등 아무 말 않는 날씨를 앞세운다.

그런 날은 이불의 무게를 이기기 버겁다. 팔다리가 짓눌린다. 빠져나와야 하는데 눈도 겨우 뜨고 있다. 눈곱과 눈꺼풀이 붙었나 보다. 종일 몸이 무거울 것 같다. 겨우 두 다리를 끌고 나와 시동을 켜고 운동센터에 도착할 때면 언제 망설였냐 싶지만, 집으로 돌아오면 다시 늘어진다. 등굣길에 나서는 아이들을 보내고 돌아서면 의자에 앉을지, 눈을 감으러 갈지 두 자아의 신경전이 벌어진다. 머리는 의자를 말하는데 몸은 침대로 들어간다. 애벌레처럼 목 끝까지 이불로 덮는다. 전화기를 무음으로 바꾸고 알람을 설정한다. 한 시간 후, 한 시간 십 분 후로 두 번의 알람을 맞춘다. 눈을 감기도 전에 매트리스에 몸이 묻힌다. 수면 내시경 침대에 누운 것처럼 잠이 든다. 얼마나 지난 걸까. 첫 번째 알람이 울린다. 다시 잠든다. 방금 끈 거 같은데 또 벨 소리가 들린다. 다음 알람을 맞추고 조금 더 잠을 청하기도 한다.

겨우 몸을 일으켜 정신 차리고 있으면 오후 1시에 가까워진다. 둘째의 하교 시간이다. 벨이 울린다. 교문을 나서며 전화를 거는 아이는 엄마의 오전이 궁금하다. 잠에서 깨어난 게 들킬까 '흠흠' 목을 가다듬는다. 미술학원으로 가는 아이는 학교에서 있었던 일을 재잘거린다. 급식으로 어떤 메뉴가 나왔고 몇 번 더 먹었는지, 쉬는 시간에 뭘 하고 놀았는지, 어떤 수업이 즐거웠는지 이야기가 이어진다. 3분이란 시간 동안 엄마 목소리를 들으며 걸어야 안심하는 아이와의 대화가 끝났다.

아침을 안 먹은 게 생각난다. 배에서 소리가 난다. 주방을 둘러본다. 냉동실에 넣어둔 밥을 전자레인지에 넣고 데운다. 냉장고 문을 연다. 배추김치, 물김치, 깍두기, 오이김치, 오이 물김치, 파김치 등 김치만 해도 냉장고 한 칸이 다 차 있다. 한 가지만 꺼내고 엄마가 주신 밑반찬이 들어 있는 통을 뒤적인다. 마른반찬 두어 개를 꺼내 뚜껑만 열고 식탁에 차린다. 왼손으로는 스마트폰 뒤에 붙은 거치대를 잡고 오른손으로는 수저를 든다. 어떤 반찬이 입에 들어가는지 모른다. 젓가락 가는 대로 입에 넣으며, 별스럽지 않은 기사와 가십거리를 읽다 보니 그릇이 비었다. 식탁을 정리하고 싱크대에 넣는다. 화장실로 간다. 칫솔질하며 집안을 둘러본다. 학교 가기 전의 아이들 흔적이 눈에 담긴다. 어디서부터 손을 대야 하나. 베란다 문을 열고 환기부터 시킨다. 바닥에 있는 물건을 제자리에 올려놓으며 주방으로 이동한다. 식탁 위에 있는 책을 정리하고 행주로 닦는다. 싱크대에 있는 접시는 대충 헹궈서 식기세척기에 넣는다. 책을 펼치기도, 필사도 하기 싫다. 영어 공부도 싫고 다 싫다. 소파로 가며 오디오북 앱을 연다. 일자로 눕는다. 소화불량을 막는다며 모서리에 쿠션 두 개를 겹쳐 세우고 등을 기댄 후 두 다리를 쭉 뻗는다. 잠시 후, 전화벨이 울린다. 첫째가 마쳤나 보다. 둘째와 달리 단답형으로 보고한다. 학교에서 별다른 일 없이 수업을 마쳤고 미술학원으로 이동 중이라는 대답을 5초 만에 끝낸다. 두 아이의 귀가까지 남은 시간은 한 시간. 오디오북 성우가 읽어주는 책을 듣노라면 시간이 흘러가는 속도가 빨라진다.

30분 남았다. 감겨있던 행동 태엽이 풀리며 바빠진다. 청소기로 집 안 구석구석을 민다. 로봇 청소기에 물걸레를 장착하고 시작 버튼을 누른다. 외출할 옷으로 갈아입고 안방으로 들어가 고데기 하단에 있는 예열버튼을 누른다. 온도 설정을 마친 알람이 울리면 머리를 단정하게 만든 후 선크림을 바른다. 마스크를 끼고 차 열쇠와 전화기를 챙겨 신발을 신고 현관을 나선다. 느슨했던 하루가 끝나간다. 남은 시간은 원래 페이스를 찾으며 엄마 페르소나에 집중한다.

오전 수영을 다녀온 날은 그나마 한 가지라도 해서 다행이다. 수영강습이 없는 수요일이 늘어지는 날의 주범이다. 늦게 일어났는데도 피곤하다. 아무것도 하지 않는데도 피로가 쌓인다. 마음가짐의 문제라는 걸 알면서도 쉬고 싶은 날은 막무가내다. 넷플릭스로 TV를 보거나 조조영화를 보거나 브런치를 먹는 것도 아니다. 그냥 늘어져 있다. 마음은 여우인데 몸은 곰이다.

아무 소음도 방해도 없이 온전히 나에게 휴식을 준 날이다. 생각

회로를 덜 작동시켜 그런지 머리도 가벼워진 듯하고, 먹은 게 적어서 그런지 몸도 가벼워진 듯하다. 저녁이 될수록 내일은 활기찬 하루를 보낼 수 있을 거란 기분 좋은 예감이 스친다. 오전 내내 늘어지게 잤음에도 일찍 잠자리에 들려고 준비한다. 수영가방을 챙겨 현관 앞에 내놓는다. 서둘러 집 안을 정리한다. 내일은 본래의 페이스를 찾겠다며 책 한 권 들고 침대로 간다. 몇 페이지 넘기지 않았는데 잠이 온다. 어른 신생아인가.

다음 날, 알람이 울리기도 전에 눈이 떠진다. 다이어리를 펼쳐 할 일을 적은 후 간단히 스트레칭을 마치고 옷을 갈아입는다. 손목에 스마트워치를 차고 전화기, 차 키, 수영가방을 들고 현관문을 나선다. 100퍼센트 에너지 충전 완료. 어제 하지 못한 일까지도 채울 수 있을 것 같다. 운전대를 잡는 손도, 페달을 밟는 발도 가볍다. 한 번쯤은 늘어져 있어도 괜찮다. 전날을 만회할 수 있을 만큼의 에너지가 충전되니까.

'카스'와 '테라'를 만나는 날

"엄마, 오늘 간식 뭐예요?"

"카스테라랑 우유 있어."

"그럼 술 두 잔이랑 우유 한잔 주세요."

"무슨 소리야? 빵이랑 우유 사뒀다니까!"

"그러니까요. 카스 한잔이랑, 테라 한잔. 카스테라 빵 두 개를 달란 말이죠."

아이들이 어린이집을 다니던 시절. 고요가 내려앉은 밤, 집 안을 정리하며 긴 맥주 캔을 딴다. 엄지손가락 손톱 끝으로 번데기 모양의 고리를 젖힐 때 들리는 소리는 마시기도 전에 침샘을 적신다. 안주는 필요 없다. 크게 한 모금 마신다. 식도를 통과하는 느낌은 매 순간 짜릿하다. '이 정도 보상은 있어야지.' 정리를 시작한다. 거실에 흩어진 장난감과 주방을 치우는 와중에도 식탁에 와서 여러 번 캔을 잡는다. 청소기를 돌리고 제자리에 꽂을 즈음이면 비어 있다. 아쉽지만 아이들 옆에 눕는다. 잠들 때도, 자다가 깨도 엄마가 있어야 하는 아이들로 인해 밖에서의 맥주 한잔은 꿈에서만 가능했다.

  아이들이 유치원생이 되며 엄마 껌딱지에서 조금씩 벗어났다. 자다 깨서 엄마 대신 아빠가 있어도 울지 않았다. 비슷한 또래 아이를 키우는 동네 엄마들과 도보 5분 거리에 있는 맥줏집으로 밤 외출을 시도했다. 집마다 사정이 있어 밤 10시가 되어야 만날 수 있지만, 시간쯤이야 문제 되지 않았다. 여자 사장님은 편하게 대화하라며 안쪽 자리를 마련해준다. 속 시원히 말할 수 있는 이가 있고 들어주는 이가 있어 감사하다. 술을 좋아하느냐 아니냐가 목적이 아니다. 오가는 대화가 술이 되고 안주가 된다. 고민을 나누거나 화기애애 떠들고 있으면 누군가의 전화벨이 울린다. 아이의 울음소리에 급히 헤어지지만, 내일을 견디는 활력소가 된다.

  초등생으로 자란 아이들은 엄마가 맥주를 마시는 모습에 익숙해지고 있다. 아이들과 식당에 가면 맥주 한두 병은 시킨다. 테라, 카스 브랜드 이름도 안다. 둘째는 어떤 맛이냐고 묻는다. 얼른 커서 엄마랑 술친구 하자니 둘째는 좋다는데 첫째는 싫다고 한다. 이런 걸 어떻게 먹느냐는 말에 크면 알게 될 거라 답했다. 언제 이만큼 커서 이런 대화도 하게 되었을까. 보고만 있어도 마음이 몽글몽글하고 주거니 받거니 할 날을 상상하면 미리 설렌다.

독서 모임에서 만난 엄마들과도 맥주 타임을 가진다. 3년째 만나면서 사적인 이야기는 잘하지 않았다. 아이들 학년이 같거나 비슷해도 자기 계발을 목적으로 만난 사이라 존칭을 써가며 일에만 집중했다.

재작년 4월 어느 날. 한 명이 막창을 먹으러 가자 했다. 그날따라 육아 스트레스가 극에 달했다. 설거지 중이라 메시지를 읽기만 했을 뿐인데도 마음이 떴다. 메뉴선택마저 탁월하다. 엄마 없는 저녁은 한 번도 없었던 터라 말을 꺼내기가 쉽지 않았다. 장소와 시간까지 정해졌다. 택시 타면 8시까지 갈 수 있겠다며 머릿속으로 계산한 후, 남편에게 말을 꺼냈다. 데면데면한 사이라 막창만 먹고 10시 전에는 들어오겠다니 택시를 불러줬다. 먹기만 하고 오려 했는데 대화가 길어졌다. 아이들 이야기가 나오니 시간이 점점 길어진다. 안주가 추가된다. 술이 추가된다. 빈병이 줄지어진다. 아이들에게서 전화가 오지 않는다. 잠들었으니 걱정하지 말고 더 놀다 오라는 메시지가 도착한다. 두 번 다시 못 올 기회라 생각하며 의자와 한 몸이 된다. 우리 테이블만 남아 있다. 직원들이 청소하는 모습이 보인다. 코로나로 식당마다 영업시간이 정해져 있던 때라 우리가 나가지 않으면 사장님 입장이 곤란해진다. 직원들과 같이 퇴근했다. 아쉬움은 다음 모임으로 미루고 헤어졌다.

직장 동기를 만난 것처럼, 오랜만에 실컷 웃었고 어른 사람과 대화를 즐겼다. 그날 이후 주기적으로 만나 이야기에 취하고, 술에 취하고, 분위기에 취하지만 한 명이라도 중요한 일이 있는 기간은 만나지 않는다. 그러자고 정한 것이 아닌데도 서로의 일을 존중해 주는 우리는, 낮에는 일로 만나지만 밤에는 술로 만나는 사이다.

술자리에서 오롯이 술만 마시는 게 아니다. 오가는 많은 대화 속에 서로의 성장이 이루어진다. 육아 동지들은 고민을 들어주고 경험을 나눠준다. 아이들은 엄마와 잔을 부딪치며 해맑게 웃는다. 공부로 만난 엄마들은 책을 내며 작가의 길로 들어설 수 있게 해주었다. 숙취로 힘든 날을 맞이할 때도 있지만 스트레스도 풀었고, 또 다른 성장을 위한 목표도 설계했으니 이 정도는 괜찮다며 합리화한다.

해야 할 일이 있거나 중대한 일정을 앞두고 있을 때는 약속을 잡지 않는다. 예정에 없던 일정이 생겨도 솔직하게 양해를 구하고 나가지 않는다. 나의 역할과 계획한 일정에 차질을 주면서까지 나가고 싶지는 않다. 어차피 만날 거라면 뭐라도 성취한 후에 만나고 싶다. 어차피 마실 거라면 몸과 마음이 편한 상태에서 마시고 싶다. 어차피 즐길 거라면 코드가 맞는 사람들과 즐기고 싶다. 이 책의 마침표를 찍는 날, 어디서 누구와 '카스'와 '테라'를 영접하고 있을까. 쓰고 있는 글에 마침표를 찍는 날보다 그 뒤가 더 기다려짐은 숨길 수가 없다.

• 엄마 페르소나 •

하루 중, 오랜 시간 쓰고 있는 가면입니다. 다른 일에 몰두하다가도 살림하고, 픽업하고, 아이와 보내러 썼다 벗었다 반복합니다. 2학년, 4학년인 형제는 기질, 성향, 성격 무엇 하나 닮은 데가 없습니다. 자아가 다른 두 아이를 키우다 보니 내면이 단단하고 강해졌습니다. 출산 후 10년이 지났습니다. 남은 10년도, 엄마 페르소나를 우선시하려 합니다.

제2장

엄마, 하고 싶은 게 많습니다

나만의 세 가지 독서 방법

존경하고, 닮고 싶은 작가의 글을 읽다 보면 그들만의 독서법을 알게 된다. 집 안 구석구석에 읽을거리를 두거나, 요일별로 다른 책을 읽거나, 한 권을 읽어도 깊이 있게 읽는 등 정립된 방법을 알수 있다. 글을 쓰기 시작하며 독서의 중요성을 깨달았다. 어떤 방식으로 시작하면 좋을지 고민하다가, 하루 20분이라는 작은 목표를 세웠다. 조금씩 붙은 탄력은 한 권의 책을 추가하고, 다른 장르에도 도전하며 나만의 독서 방법을 형성해 나갔다.

첫 번째, 하루 두 권 이상의 책을 읽는다. 처음에는 하루 20분 동안 한 권만 읽기로 시작했다. 읽다 보니 다른 분야도 욕심이 났다. 역사소설이나 고전을 추가했다. 여러 분야 책을 동시에 읽는다고 해서 소위 '병렬독서'라고도 부른다.

읽는 시간과 양이 적다 보니, 한 권의 책을 완독하기까지 2주 정도 걸린다. 도서관에서 빌린 책들은 주말에도 읽으며 대출 기간을 지키려 한다. 긴 시간이 소요될 거 같거나 소장 가치가 있다고 판단되는 경우는 구매한다. 조금씩 읽는 독서가 도움이 되냐고 묻는 이들도 있지만 『이 책은 돈 버는 법에 관한 이야기』에서 고명환 저자도 말하지 않았는가. 10쪽씩이라도 동시에 읽는다면 지치지 않게 읽을 수 있고, 여러 책의 내용이 융합되면서 놀라운 아이디어가 만들어지고, 성취감을 느끼게 되고, 의외로 내용이 또렷하게 기억나며 벽돌 책도 도전할 수 있다고. 저자의 말처럼, 일관되게 읽기만 한다면 다독과 정독 모두 가능하며 독서력을 키울 수 있다.

두 번째로, 자투리 시간을 활용해 소설을 읽거나 오디오북을 듣는다.

1주일에 두 번 있는 아이들의 수영 수업은 한 시간 정도 진행된다. 차량 운행이 없어 데려다줘야 한다. 대기실에서 기다리는 동안 소설이나 에세이를 읽는다. 술술 넘어가는 책. 시간의 흐름을 느낄 수 없을 만큼 몰입도가 높은 책을 주로 택한다. 남다른 표현력이 있는 문장을 만나면 사진을 찍거나 귀퉁이를 접으며 독서를 이어간다. 거듭 페이지를 넘기다 보면 아이들이 나오는 소리가 들린다. 운전대를 잡으면서도 다음 내용이 궁금하다. 기다리는 동안, 짬 나는 동안, 잠들기 전, 틈틈이 읽은 양만 합쳐도 한 달 평균 다섯 권은 가볍게 채운다.

차량 이동 중에나 집안일을 할 때는 오디오북을 튼다. 장면을 상상하며 읽을 때와 성우들이 읽어줄 때의 느낌은 사뭇 다르다. 목소리에 실려 있는 감정과 표정에 빠져든다. 올해 상반기 동안 들은 책은 『파친코 1, 2』, 『그리스인 조르바』, 『휴남동 서점』, 『책들의 부엌』, 『나의 하루는 4시 30분에 시작된다』, 『만일 내가 인생을 다시 산다면』, 『라플라스의 마녀』, 『그녀는 다 계획이 있다』 외 다수다. 종이로 읽은 책을 들으며 재독하기도 하고, 특정 작가의 이야기만을 모아 듣기도 한다.

아이들도 오디오북을 가까이하고 있다. 같은 책을 여러 번 읽는 편인 첫째는 들으며 재독을 이어간다. 아직 글밥이 많은 책이 버거운 둘째는 귀로 먼저 듣고 종이책을 접하기도 한다. 잠들기 전까지 이야기꽃을 피우던 아이들은, 성우의 목소리를 들으며 잠드는 습관이 생겼다. 나와 아이들은 읽고 들으며 각자의 독서법을 정립해 나가고 있다. 한 달에 종이책 한 권 값도 되지 않는 금액을 내고 온 가족이 듣는 매력에 빠졌다.

세 번째로, 여러 사람과 함께 읽는다. 몇 년 전부터 인간의 문화, 역사, 문학, 철학 예술 및 언어를 연구하는 인문학이 뜨거운 감자로 떠올랐다. 시작만 하면 읽을 수 있을 거 같은데 엄두가 나지 않았다. SNS상에서 만나 친분을 쌓은 이들 중에서 나와 같은 고민을 하는 몇몇을 만났다. 혼자만 끙끙 앓는 줄 알았는데 아니었다. 도전하고 싶지만, 혼자라 망설이는 회원을 환영한다는 글을 봤다. 두서너 곳의 모임에 가입해 그들과 속도를 맞추어 읽어나갔다. 시라토리 하루히코 작가의 『니체와 함께 산책을』, 신정근 작가의 『마흔, 논어를 읽어야 할 시간』, 김종원 작가의 『아이를 위한 하루 한 줄 인문학』, 빅터프랭클 작가의 『죽음의 수용소에서』, 줄리아 카메론 작가의 『아티스트웨이』, 이나모리 가즈오 작가의 『인생을 바라보는 안목』을 읽으며 장르를 넓혀나갔다.

평소 존경하는 작가, 다독하는 작가, 도서 인플루언서들의 독서 방법을 접할 때마다, 글 쓰는 삶을 업으로 삼아서 가능한 거라 단정지었다. 글을 잘 쓰려면, 책을 많이 읽어야 했다. 하루 20분이라도 읽자며 무리하지 않는 선에서 시작했다. 읽다 보니 다른 책에도 도전하게 되었다. 작은 목표로 시작한 독서가 또 다른 도전을 시도하며 나만의 방법을 형성해 나갔다.

처음부터 거창한 계획을 세웠다면 루틴이 되지 못했을지도 모른다. 하루 한 권, 20분만 읽어도 속도가 빨라지고 이해력이 나아지고 깊이가 달라진다는 걸 깨달았다. 시도조차 하지 않았던 인문, 철학, 역사소설에도 도전할 수 있을 만큼 독서 근육이 자라고 있다. 최근에는 박경리 작가의 대하소설『토지』를 읽고, 듣고, 필사에 도전했다. 스물한 권이라는 긴 여정이지만 나만의 독서 방법으로 완독하는 날을 맞이할 수 있길. 내년에는 책장에 꽂힌 여러 권의 벽돌 책에도 도전하며 독서력을 키워나갈 것이다.

삶의 변화를 준 세 권의 책

시작부터 끝까지 갖은 소용돌이로 가슴을 채우는 책을 만날 때가 있다. 읽고, 밑줄 긋고, 적으며 다시 읽는다. 일상에서 문뜩문뜩 떠오르면 다시 꺼낸다. 읽을 당시, 나는 어떤 생각을 하고 어떤 마음을 가졌던 걸까.

그 후 어떠한 변화가 생겼을까. 함께 읽고 싶은 이가 떠오르면 선물하고 추천하고 모임에서 같이 읽는다. 나와 같은 울림이 아니어도 된다. 약하게나마 닿았으면, 가슴이 저릿했으면, 삶을 대하는 태도에 변화가 생겼으면 좋겠다. 긴 서평을 남기고 공유했던 세 권의 책을 소개하고자 한다.

첫 번째는 김지수 작가가 쓴 『이어령의 마지막 수업』이다. 이어령 박사가 죽음의 문턱 앞에서 김지수 작가와의 인터뷰에서 남긴 말이다.

"가장 부유한 삶은 이야기가 있는 삶이라네. '스토리텔링을 얼마나 갖고 있느냐'가 그 사람의 럭셔리지. 스토리텔링에는 광택이 없다네. 하지만 그 자체가 고유한 금광이지."

책을 읽기 시작하면서 인문 저서 및 자기계발서를 접하는 횟수가 늘어나고 있다. 누구나 알고 있는 공자님 말씀부터 설득력 있는 글까지. 여러 번 고개를 끄덕이다가도 어려운 어휘나 난해한 문장이 있으면 몰입도가 떨어진다. 반대로, 작가의 경험이 담긴 글이 나오면 시간을 삼키는 하마에게 잡아먹힌다. 스토리가 있는 글, 작가가 전하는 메시지까지 있다면 책을 대하는 농도와 밀도가 달라진다.

글을 쓰기 시작하며 평범한 하루를 평범하지 않은 눈으로 바라보는 습관을 만들고 있다. 사소한 것에도 의미를 부여하다 보면 스토리가 생기고 메시지로 연결된다. 어쩌면, 이 책을 집필하는 과정도 다른 글의 소재가 될 수 있지 않을까. 이어령 박사의 말처럼, 고유한 금광을 가진 삶을 만들고자 다짐하게 되었다.

두 번째는 그랜드 카돈 작가의 『10배의 법칙』이다.

"10배의 법칙 핵심은 이렇다. 원하는 목표보다 10배 더 큰 목표를 설정한다. 그런 다음 목표 달성에 필요하다고 생각하는 행동보다 10배 더 많은 행동을 한다."

글자 그대로 설정한 목표가 있으면 열 배 더 높게 설정하고, 그만큼 노력하라는 뜻이다.

'우리가 노력 없이 얻는 유일한 것은 노년이다. 뜨거운 열정보다 중요한 것은 지속적인 열정이다. 가장 잘 견디는 자가 가장 잘 해낼 수 있는 자이다.' 등 노력과 관련한 명언이 넘쳐나지만, 이 책이야말로 타고난 재능이라고는 하나도 없는 나에게 손전등이 되었다.

부족한 운동신경을 강화하고자 아침저녁으로 땀 내고, 독서력을 키우고자 다양한 분야의 책을 접하고, 기억력 감퇴를 막고자 배운 것을 복습한다. 내세울 만한 능력이 없고, 타고난 재주도 없으며, 노력만이 유일한 동아줄이라 한탄스러울 때도 있다. 그나마 노력이란 기회가 있어 다행이다. 여태 해 온 것처럼, 하는 일에 열 배의 노력을 기울이고자 다짐하게 되었다.

세 번째는 밥 버그, 존 데이비드 만 작가가 쓴 두 권의 『THE GO GIVER』다.

"소위 윈윈 전략이란 위장된 점수 기록에 지나지 않네. 모두 비기긴 하지만 어느 쪽도 이익을 얻지 못하는 확실한 방법이지. 어떻게 보면 공평해. 내가 네 등을 긁어주었으니 이제 내 등도 긁어주라는

식이랄까. (중략) 성공을 성취하는 비결은 주고, 주고, 또 주는 거죠. 얻는 것의 비결은 주는 것입니다. 그리고 주는 것의 비결은 기꺼이 받는 것이고요."

주고, 주고, 또 주어라. 이익 추구를 논하는 저서에만 익숙한 터라, 낯설면서도 신선했다. 받는 만큼만 일하는 게 아니라, 주어진 양만큼만 일하는 게 아니라, 맡은 역할만 하는 게 아니라고 언급한다. 내가 줄 수 있는 것보다 더 많이 주라는데, 역발상인가 역행인가. 자신이 받는 대가보다 더 많은 가치를 주는 사람이 되라는 두 권의 책을 덮은 뒤, 삶을 추구하는 방식에 방향을 틀기로 했다.

주변만 둘러봐도 이런 태도를 가진 이들이 있다. 애써 만든 음식을 나눠주고, 밥 한 끼 더 사고, 궂은일 마다하지 않는 사람. 대가에 연연하지 않고 마음 가는 대로 주는 그들을 떠올리며, 책 내용을 거울삼아 작은 것부터 기버의 삶을 살고자 다짐하게 되었다.

책 한 권을 제대로 읽기 전에는 알지 못했다. 완독에만 의의를 뒀다. 그래서일까. 제출하고 돌아서면 잊어버리는 시험지처럼, 덮고 나면 기억나지 않는 걸 당연시했다.

글을 쓰기 시작하며 책을 읽는 태도가 달라졌고, 방식이 달라졌으며, 생각의 깊이가 달라졌다.

이 책을 읽으며 어떤 걸 깨달았을까. 어떤 변화를 줄 수 있을까.

어떤 내가 될 수 있을까.

어느 정도의 시간이 흐른 뒤. 그 책에서 말하던 삶에 얼마나 가까워졌나 평가도 해본다. 저자가 언급하는 내용과 똑같이 살아갈 수는 없지만, 할 수 있는 것만큼은 스펀지처럼 흡수해 삶을 변화시키고자 한다.

• 슬로리딩 지도사 페르소나 •

한 권의 책을 천천히, 여러 번, 완벽하게 읽으며 생각하는 힘을 키우는 슬로리딩 강사로 활동 중입니다. 책을 좋아하지 않았습니다. 어려운 책은 이해하기 힘들었습니다. 어른이 되어서도 마찬가지였습니다. 슬로리딩 방식으로 읽으니 이해력, 문해력, 메타인지 향상은 물론이고 생각의 깊이도 더해졌습니다. 주로 초등 중, 고학년을 대상으로 수업을 진행합니다.

'사각사각' 소리에 집중하기

'사사삭', '사르륵', '사각사각'

여백을 채울 때 들리는 소리가 고요함을 깨운다. 책을 가까이하기 시작하며 연필을 들고 있는 날이 많아졌다. 비어 있는 공간을 채우는 글씨뿐 아니라, 종이 위를 지나갈 때 들리는 소리에도 집중한다. 종이 재질과 연필 종류에 따라 손가락에 느껴지는 감촉과 울려 퍼지는 소리도 다르다.

연필이 여백을 채울 때마다 흩어져있던 생각이 모인다. 마음이 가라앉는다. 자세가 반듯해진다. 쓰면 쓸수록 괴발개발인 필체에서 벗어나고 싶다. 휘갈겨도 명필 기운이 전해지는 단정한 필체를 갖고 싶다는 욕심도 내며, 이제야 연필의 매력에 빠지고 있다.

30년 전에 사용하던 연필깎이인 '샤파'기계도 구매했다. 그때는 알지 못했다. 연필을 넣고 오른손으로 돌릴 때 들리는 강하고 선명한 소리와 손에 전해지는 진동을. 조금만 힘을 줘도, 책상에서 또르르 굴러 떨어지기만 해도 쉽사리 부러지던 물건을 다시 쓰게 될 줄은.

어릴 적에 가진 연필의 기억은 그다지 아름답지는 않다. 품질, 잡을 때의 느낌, 진하기 모두 뛰어나지 않았다. 연필심의 거칠거칠한 부분이 종이에 닿으면 사포를 문지르듯 매끈하게 만들어야 했다. 공책 페이지 밑에 책받침을 대지 않고서는 칠판에 적힌 내용을 빠른 속도로 따라 쓰기 힘들었다. 진한 심으로 쓴 필기는 노트를 접으면 반대편 페이지에 데칼코마니처럼 묻기도 했다. 튼튼하지도 않았다. 연필깎이에 돌리면서 부러지고 빠졌다. 책상 위에서 살짝만 떨어뜨려도 부러지니 오래지 않아 몽당연필이 되었다. 100원짜리 모나미 볼펜에 남은 부분을 끼워 넣어 끝까지 사용하라 했지만, 그러는 친구들은 별로 없었다.

초등학교 고학년으로 갈수록, 필통 안은 샤프와 진하기 정도가 다른 샤프심으로 채웠다. 철로 된 필통 안은 연필 한 자루만 들어 있어도 까맣게 변하지만, 샤프가 들어 있을 땐 정도가 덜했다. 내부를 비우고 지우개로 안쪽을 지울 필요도 없었다. 선생님은 손힘을 길러야 한다며 사용을 지양했지만 개의치 않았다. 0.5센티미터 정도의 가느다란 심을 조금씩 눌러 쓰는 동안 한 번도 부러뜨리지 않기는 쉽지 않았다. 쓰다 부러지면 엄지손가락으로 샤프 꼬리 부분을 눌러 쓰기를 이어갔다.

중, 고등학생이 되면서부터는 모든 필기에 샤프만 사용했다. 일본의 '펜텔'이라는 필기구 회사에서 나온 제도 2000, 제도 3000 제품은 필수고, 다른 종류도 채워가며 연필과는 더 멀어져 갔다.

일상에 독서를 넣으면서 전과는 다른 방법으로 읽기 시작했다. 원래는 책에 밑줄을 긋거나 메모하지 않았다. 꼭 필요한 경우, 책 귀퉁이를 접어 중요 부분을 표시했다. 새 책 같은 중고 책처럼 사용했다.

블로그에 서평을 남기기 시작하며 조금씩 달라졌다. 귀퉁이를 접은 페이지를 펼칠 때면 어느 부분에서 영감을 받은 건지, 어떤 생각이 들어 접어둔 건지 기억나지 않았다. 분명 읽은 책인데 페이지가 깨끗하다. '읽은 척'하는 걸로 보였다. 완독한 책치고는 밋밋했다.

다른 사람들은 책을 읽을 때 어떻게 하는지 찾아보았다. 연필로 줄을 그은 책이 눈에 들어왔다. 상, 하단 여백에 요약을 적는 사람, 생각을 적는 사람, '본깨적' 방식이라며 본 것, 깨달은 것, 적용

할 것으로 나눠 적는 이도 있었다. 이렇게 지저분해도 되나 싶은 책도 있었다. 어차피 소장용이고 혼자만 볼 거라면 그렇게 사용해도 괜찮을 것 같았다. 휘갈겨 쓴 글씨에서 오는 멋스러움은 없을지라도, 책 한 권을 덮었을 때 머릿속에 남아 있는 내용은 풍성할 듯했다. 격하게 강조하고 싶은 부분은 형광펜이나 펜으로 긋고, 모르는 용어는 사전을 찾아 적었다. 불현듯 스치거나, 덧붙이고 싶은 글은 여백에 채웠다.

언제부턴가 식탁 좌측 끝 면에는 연필꽂이가 있다. 연필 몇 자루, 연필깎이, 지우개, 형광펜, 삼색 볼펜, 15센티미터 자가 들어 있다. 둘째가 유치원에서 쓰던 납작한 갈색 필통을 찾았다. 모둠 색 펜 하나, 주황 형광펜 하나, 포스트잇 플래그, 연필 넉 자루, 지우개 한 개와 몽당연필에 끼우는 연필깍지를 넣어 식탁 위에 두었다. 책을 펼치기 전에 연필을 챙긴다. 밑줄만 그었을 뿐인데도 얕은 진동이 손끝에 느껴진다. 걸리는 부분도 없다. 부드럽다. 긋고 아니다 싶으면 지우면 되고, 적은 생각도 아니다 싶으면 지우면 되니 끄적거림에 고민할 필요가 없다.

손에 잘 잡히는 연필을 꺼내 줄지어 봤다. 익숙한 육각형 디자인도 있지만 삼각형도 많았다. 육각형은 쓰다 보면 중지 안쪽에 연필과 맞닿는 부분의 살이 움푹 파이거나 굳은살이 생기기도 했는데,

삼각형 디자인은 정도가 덜했다. 소위 말하는 그립감이 나왔다. 어떤 각도로 세워도 잘 써졌고, 심도 부드럽고, 어느 종이 할 것 없이 '사사삭', '사르륵', '사각사각' 소리를 냈다. 연필이 지나가며 내는 소리를 백색소음 삼아 글을 쓰다 보면 쓰는 내용보다 들리는 소리에 심취할 때도 있다. 감촉을 더 느끼고 싶어서, 얕은 진동을 따라 들리는 소리에 끌려 더 적기도 한다. 정갈하게 쓸 때보다 휘갈겨 쓸 때 더 멋스럽게 들린다. '사각사각' 소리에 집중하다 보면 페르소나마저 차분해진다.

오늘은 책을 읽기 전, 짙은 파란색 삼각형 디자인에 0.5센티미터 간격마다 동그랗게 홈이 파여 있는 연필을 택했다. 뾰족한 앞코가 완만히 깎이며 내는 소리를 들으며 페이지 여백을 채운다.

한 줄씩 그을 때마다 정신을 집중하고, 소리가 들릴 때마다 마음을 다잡고, 생각을 적을 때마다 감정을 정리한다. 디자인 별로, 색깔별로, 진하기 별로 모으며 늦게야 연필의 매력에 빠져들고 있다.

긍정 에너지를 가진 건강한 질투

질투(嫉妬): 다른 사람이 잘되거나 좋은 처지에 있는 것 따위를 공연히 미워하고 깎아내리려 함.

주부로 살기 시작하며 내 삶의 중심에 가족이 들어섰다. 내가 설 자리가 좁아진 만큼 마음의 폭도 좁아졌다. 바깥세상을 바라보는 시야, 공감의 깊이, 타인을 향한 배려도 그러했다. 세상을 등지고 사는 기간이 길어질수록 낯선 환경이 불편했다. 양과 음이 뒤집힌 듯한 일상, 벗어나고 싶었다. 고개를 들어보니, 한때 가깝게 지내던 이들과 나 사이의 거리가 몇 리 이상 떨어져 있었다. 어깨를 나란히 하던 친구와 직장 동기는 팀장, 과장, 차장이 되었다. 그들의 직함이 묵직했다. 어떻게 불러야 할까. 새로운 호칭이 입에 붙지 않았다. 나만 어색한 걸까. 동질감, 동료애, 전우애가 그립고 때론 아무 이유 없이 부러웠다.

그들이 성장할 동안 나는 뭘 한 걸까. 아이들에게 최선을 다한 거라 위로하면서도 헛헛했다. 어떤 성장을 했을까. 지능은 퇴화했고, 인간관계는 좁아졌고, 몸은 옆으로 퍼졌다. 아가씨 때 입던 유니폼은 허벅지 위로 올라가지도 않았다. 재킷에 겨우 팔을 끼워 넣었나 했더니 단추가 잠기지 않았다. 사회적 지위, 외모, 자존감마저 하락장이다. 성장은커녕 퇴행만 했다.

뭐라도 하고 싶고 변하고 싶었다. 단기간에 낮아진 지능을 높이고, 대인관계를 넓히긴 힘들 거 같았다. 비교적 빠른 효과를 볼 수 있는 외모라도 가꾸고자 했다.

눈뜨자마자, 밥 먹자마자, 잠들기 전마다 체중계에 올랐다. 걷기, 요가, 복근 운동도 했다. 힙업 운동을 한다며 30층 계단을 오르내리기도 했다. 얼굴에 있는 기미, 주근깨, 거무튀튀한 피부색도 거슬렀다. 챙모자와 마스크를 쓰고 다니며 집착을 더 했다. 가꿀수록 공허했다. 낮아진 자존감 때문인가, 더딘 회복 탄력성 때문인가, 타인을 향한 질투 때문인가. 낮아진 자존감과 자신감은 세상을 부정적으로 바라보는 안목을 키웠다. 내 삶은 엉망이라며 치부하고 다른 사람의 삶을 동경했다. 암흑천지에 갇힌 나를 꺼내고 싶었다. 할 수만 있다면 뭐든 할 기세였다.

단 한 시간이라도 나를 위해 썼으면 좋겠다고 노래를 불렀는데, 어느 순간 현실이 되었다. 아이들이 유치원과 어린이집을 다니게 되니 부산스럽던 오전이 한가해졌다. 오전 아홉 시부터 오후 두 시까지 온전히 나만을 위한 시간이다. 이만큼이나 자기 일에 할애할 수 있는 직장인이 있을까. 바닥을 칠 때가 인생의 전환점이라더니 지금인가 보다.

인근 문화센터를 찾아가, 강좌 내용이 적힌 전단을 가지고 왔다. 정규강좌 접수는 끝났지만, 단기특강은 신청할 수 있었다. 어떤 걸 들을까 하는데 정리수납 전문가 2급 과정이 보였다. 거실 사방팔방에는 버리고 정리하지 않은 물건으로 빼곡한 상태였다. 다른 것들은 차치하고라도 집부터 깨끗하게 할 필요가 있었다. 정리만 되어도 정신건강에 도움이 될듯했다. 매주 1회, 네 차례의 수업을 듣는 동안 우리 집은 다른 집으로 변했다. 냉장고에 쑤셔 넣은 반찬통을 꺼내 남아 있는 양에 맞는 다른 통으로 옮겨 담아 테트리스 했다. 마트에서 사 모은 종량제 봉투도 직사각형 딱지처럼 접어 정리했다. 양말도 반듯하게 접고, 수건은 호텔식으로 접어 일렬로 줄

세웠다. 티셔츠, 바지, 후드티 할 것 없이 새 옷처럼 접고, 입지 않는 옷가지들은 나누어주고 버렸다. 주방 선반, 수납공간, 베란다, 창고 등 손길이 닿는 모든 공간을 정리하고 비우니 집안이 몇 평 더 넓어졌다. 손길과 정성이 닿으니 없던 애착마저 생겼다. 사는 공간을 정리했을 뿐인데 마음이 차분해졌다.

운동을 대하는 마음가짐도 달라졌다. 보이는 부분만이 아닌, 보이지 않는 부분도 건강하게 유지하고자 했다. 아들을 키우는 엄마여서일까, 세월의 탓일까. 한 해 한 해 몸이 달랐다. 아침에 일어나는 것도 힘들고 피로도도 달랐다. 엄마들끼리 모이면 초록색으로 가득한 밥상을 찾아가고 영양제 정보를 교환했다. 잘 먹는 것만큼 건강한 신체가 필요했다. 건강한 엄마로 살기 위한 몸부림이라고나 할까. 일석삼조의 효과가 있는 운동을 찾다가 유연성, 코어, 근력을 잡아주는 요가를 시작했다. 1년이 2년이 되고, 2년이 3년이 되었다. 처진 살에 탄력과 근육이 붙었다. 짧던 아킬레스건도 늘어났다. 예전에는 되지 않던 동작에도 성공하며 자신감을 되찾았다. 어떤 운동을 해도 안 되는 몸이라 치부했는데, 더디게라도 가능하다는 걸 알았다. 목석같은 몸이 변하는 걸 보며, 다른 운동도 시도했다. 여행지에서도 유튜브를 보며 요가나 스트레칭을 한다. 몸이 건강해야 마음이 건강하고, 노후가 편하다는 걸 깨우친 터라 하지 않을 수 없다.

    질투심 때문에 힘들었던 때가 있었다. 나보다 잘난 사람을 보면 부러웠고, 저 사람보다 못난 게 뭐가 있나 싶기도 했다. 그러나 불편한 마음 계속 가지고 있어봤자 아무 도움 되지 않는다. 게다가 살아보지 않은 남의 삶을 질투하며 감정 소모할 필요는 더욱 없다. 다른 사람에게 신경 쓰지 않고, 나를 찾고, 내 삶을 찾고자 발버둥 치다 보니 배움을 향해 나오게 되었다. 운동 외에 독서도 하고, 글도 쓰고, 책도 내는 나를 보며 언제부턴가 주변 사람들이 말했다.

    "어쩜, 그리 많은 일을 다 잘하세요? 부러워요. 대단하세요."

    과거에 내가 다른 사람을 보며 했던 생각들. 이젠 역으로 듣고 있다.

    질투라는 감정을 질투로만 안고 살아가면 부정적이고 인생만 불편해진다. 모든 감정은 에너지를 품고 있다. 그중에서도 질투라는 페르소나는 제법 강렬하다. 그 에너지를 나쁜 기운으로 쏟는 게 아니라 나의 성장과 번영과 발전에 사용해야 한다. 관심의 화살을 나에게 돌리는 순간, 전보다 발전된 '나'로 거듭날 수 있다.

나에게도 선물을 주자

분주했던 오전. 한숨 돌리고 소파에 앉아 핸드폰을 연다. 채팅창 상단에 고정된 '멘탈 파워 스피치' 단톡방에는, 멤버들의 미소 셀카 사진으로 가득하다. 공감 표시와 댓글을 남기며 자세를 다잡는다. 깨끗하게 정돈된 자리를 찾아 입 풍선을 만들어 근육을 풀고 셀카를 찍는다. 나를 사랑하기 위한 나사랑 챌린지 항목에는 이외에도 긍정 확언 녹음하기, 감사 일기, 셀프 칭찬과 선물이 있다. 다른 건 하겠는데, 오늘을 열심히 산 나에게 주는 선물은 낯설다.

참여 첫날, 다른 사람은 어떤 걸 주는지 보려고 기다렸다. 강사님의 말처럼 커피 한잔, 음식, 산책 등 일상에 있던 별스럽지 않은 것이 올라왔다.

작년 가을부터 시작한 미션. 1년 남짓 동안 차 한잔, 음악감상, 드라마 시청, 산책, 음식, 건강, 영양제, 건강한 식단, 낮잠, 수다, 자유시간, 여행 등 다양한 항목을 선물로 주었다. 정리하다 보니 자주 올리는 세 가지가 보였다.

첫째, 음식이다. 나는 요리하는 손은 빠르지만 잘하진 못한다. 아이들은 아침에는 빵이나 시리얼을, 점심에는 급식을 먹으니, 집에서는 저녁만 먹으면 된다. 한 끼만 준비하면 되는데 매번 고민이다. 성장기라 고기 위주로 준비하긴 하지만 그것만 차릴 순 없다. 몇 가지 밑반찬과 국도 곁들여야 한다.

둘째 하진이는 먹고 싶은 음식이 있으면 등교 전에 미리 주문한다. 만들 수 있는 음식이면 다행이지만 그렇지 않을 때는 곤란하다. 자꾸만 못한다고 하기도 미안하다. "급식에서 나왔는데 또 먹고 싶어요."라는 말이 오후 내내 떠다닌다. 인터넷 검색창을 열어 재료가 적힌 부분을 캡처한다. 마트에서 필요한 재료를 사서 AI처럼 요리법을 따라 한다. 맵고 짠 음식에 익숙한 엄마는 간 맞추기도 쉽지 않다. 먹성 좋은 아이들은 웬만큼 맛이 없지 않은 이상 엄지를 치켜세운다. "또 해주세요. 더 주세요."라며 설거지한 듯 깨끗하게 그릇을 비운다. 오늘의 수고가 아깝지는 않지만, 다음 날이면 어김

없이 도돌이표 반찬 고민이 돌아온다.

음식을 만들면서 깨달았다. 달걀부침 같은 간단한 요리에도 정성이 깃든다는 걸. 급식이 없었던 우리 세대의 엄마는 어떻게 아침을 준비하고, 보온 도시락을 채우고, 저녁까지 차려주었을까. 한 끼 준비에도 이만큼 애가 쓰이는 걸 보면 요리는 위대하다. 마음이 없으면 할 수 없다. 그래서 동네 엄마들이 남이 차려준 밥은 무조건 맛있다고 하는가 보다.

둘째, 사람을 만난다. 나의 MBTI는 정열적이고 활기가 넘치며 재능이 많고 상상력이 풍부한 ENFP다. 이런 성향의 소유자는 주말이 지나면 더 피곤하다고 한다. 쉬는 날조차 사람들과 웃고 떠드느라 피로가 풀리지 않아서 그렇다는 글을 보며 크게 웃었다.

혼자 있는 것도 좋지만, 대체로 사람과 부대끼는 걸 선호한다. 좋으면 좋은 대로, 심심하면 심심한 대로, 우울하면 우울한 대로 누군가와 함께한다. 직장생활이 힘들 때는 동기들과 수다를, 초보 엄마로 힘들 때는 조리원 동기들과 수다를, 육아에 찌들어서 힘들 때는 육아 동지들과 수다를 떨며 버텼다. 지금도 엄마들과 브런치 모임에서 이야기꽃을 피우고, 운동에서 만난 사람들과 친분을 쌓고, 맥주를 좋아하는 이들과 술잔을 부딪치며 휴식을 취한다. 다른 사람과 소통하고 호흡을 맞추고 돌아오면 몸은 피곤할지라도 머리와 마음만큼은 상쾌하다.

  셋째, 독서다. 2009년에 발표된 영국의 석세스 대학교 인지 심경 심리학과, 데이비드 루이스 박사팀의 연구 결과에 따르면 스트레스를 풀기 위한 여러 방법 중 독서가 가장 높은 효과가 있다고 나왔다. 6분 정도만 책을 읽어도 스트레스가 68퍼센트로 감소하고 근육긴장도 풀어지며 심박수도 낮아진다고 했다. '독서는 현실에서 탈출하고 싶은 욕구를 잘 충족시켜 준다. 무슨 책을 읽는지는 중요하지 않다. 다만 작가가 만든 상상의 공간에 빠져 스트레스와 걱정에서 탈출할 수 있으면 된다.'라는 기사를 읽으며 그러고 있는 내 모습이 떠올랐다. 소설을 읽을 때면 유독 그랬다. 글을 읽으며 장면을 그려내고 가상 인물의 삶에 나를 투영하게 된다. 송희구 작가의 『김 부장 이야기』, 김호연 작가의 『불편한 편의점』, 애거서 크리스티 작가의 『그리고 아무도 없었다』, 히가시노 게이고 작가의 『하쿠바 산장 살인사건』을 읽을 때면 초침의 흐름을 잊게 된다. 카타르시스가 이런 건가 싶을 만큼 시원하고 개운하다. 책을 덮고 나서도 감정을 원위치로 돌리기까지 다소 시간이 걸릴 때도 있다.

  나를 위한 선물을 해주라는 말에 비싸고 멋져 보이는 것만 해야 하는 줄 알았다. 만일, 그래야 했다면 일주일도 못 버텼을 테다.

챌린지로 시작하긴 했지만, 당연시하던 것을 다른 시선으로 관찰하고 들여다보게 되었다. 매일 아침을 맞이하는 일도, 마시는 물 한잔도, 쉴 수 있는 공간도 선물이 되었다.

실체가 없어도 괜찮다. 흔해도 괜찮다. 거창하지 않아도 괜찮다. 의미를 담은 '숨'만 불어넣는다면 어떤 것도 가능하다. 지금 내 옆에는 얼음이 찰방찰방 담겨 있는 바닐라 라테 한 잔이 있다. 바닐라 콩에서부터 퍼지는 달콤한 향, 더위를 식혀줄 얼음, 졸음을 깨워줄 카페인으로 채워진 커피를 피사체에 담는다. 나를 위한 선물로 인증하며, 오늘 하루도 열심히 산 나를 쓰다듬고 토닥인다.

마흔, 페르소나에도 중심이 필요하다

마흔이라는 산 중턱에 이토록 일찍 도착할 줄 몰랐다. 스무 살 때만 해도 마흔이라는 나이는 조상님 세대처럼 멀고 먼 나라 이야기, 오지 않을 미래로만 여겼다. 넥타이를 매고 있으면 다 같은 아저씨였고, 아이를 데리고 있으면 다 같은 아줌마였다. 이른 나이에 결혼한 엄마가 지금의 내 나이였을 텐데, 그때만 해도 40은 숫자로만 읽는 게 전부였다.

그 나이가 되고 보니 알겠다. 철이 없었다. 그땐 왜 그렇게 생각했을까. 왜 그런 시선으로 바라보았을까. 나도 나이가 든다는 생각은 왜 하지 못했을까.

풋풋한 스무 살이 좋았다. 부모님 그늘에서 벗어날 수 있고, 경제 적으로 자립할 수 있고, 어른인 척할 필요가 없어 좋았다. 오래도 록 청춘으로 살 수 있을 거라 오만방자했지만 취업하고 결혼하고 아이를 낳으며 엄마가 지나온 길을 그대로 따라와 마흔이 되었다.

서른에 결혼하고, 서른둘에 첫 아이 은준이를 낳았다. 20개월 뒤 둘째 하진이를 낳았다. 내 시간표는 자연스레 아이들 기준으로 맞 춰졌다.

새벽 다섯 시, 둘째의 뒤척임이 나의 기상이다. 첫째가 어린이집 에 등원하기 전에 먹은 음식이 나의 식사다. 둘째가 가지고 노는 팝 업북이 나의 책이다. 둘째 낮잠 시간이 나의 휴식이다. 어린이집 에 첫째를 데리러 가는 길이 나의 외출이다. 아이의 선생님이 나의 선생님이고, 아이 친구 엄마가 나의 친구다. 아이가 놀이터에서 뛰 어노는 시간이 어른 사람과 대화할 기회다. 집으로 들어온 아이 간 식이 나의 간식이고, 아이 저녁이 나의 식사다. 잠시만이라도 나를 위해 쓰고 싶은 마음이 간절한 걸까. 아이들이 잠든 밤, 정신이 도 리어 맑아진다.

30대 후반에 들어서며 삶의 중심에 나를 되돌려놓기 시작했다. 커피를 마시고, 맛집을 찾아가고, 운동을 다니고, 공부를 시작했 다. 이제 막 기지개를 켰나 했는데, 한 발짝 물러서 바라보니 그동안 뭘 한 건지 보이지 않았다. 일을 그만두지 않았더라면 명함이라도 있을 텐데, 남들 앞에 그럴듯하게 내세울 만한 것도 없다. 뭐라도 하고 싶은데, 어떤 걸 해야 하나, 시작이란 단어가 부담스러웠다.

아이들에게 다 쏟아붓느라 이렇게 되었다는 생각에 갇혀버렸다. 망연자실한 사람처럼 무자비하게 흐르는 시간을 넋 놓고 보기만 하다 2021년, 마흔을 맞이했다. 그해 1월, 글쓰기 연습을 위해 최진석 작가의 『인간이 그리는 무늬』를 읽었다. 책을 읽으며 내가 살아온 과거, 그려온 무늬를 역순으로 따라갔다. 삶의 중심에는 없었을지라도 내, 외적으로 단단해진 나를 발견했다. 아이들 일이라면 앞장섰고, 억울한 상황이면 맞서나갔고, 나만의 철학을 가지게 되었다는 걸 그제야 알았다.

두 아이를 출산하며 오로지 잘 키워보겠다는 마음뿐이었다. 유아기 때는 그저 탈 없이 건강하게만 자라 달라고 했다. 아이들이 기관에 다녀야 하는 나이가 되며 관심의 안테나가 여기저기로 뻗어나갔다. 몸에 좋은 영양소를 두뇌에도 주겠다며, 사교육 시장에 다녔다. 관계자의 설명을 들으면 솔깃했다. 들어가기 힘든 곳이라 하면 더 보내고 싶었다. 아이 성향이나 기질을 떠올리면 아닌 걸 알면서도 자꾸 다녔다. 아이는 관심도 없는데 나만 바빴다. 내가 문제인 걸 알면서도 내려놓기 쉽지 않았다. 너 잘되라고 그러는 거라고, 너 생각해서 그러는 거라며 아이가 이해할 수 없는 설명을 했다. 육아서를 읽고, 남편의 직언을 들으며 의도적으로 안 보고, 안 듣자며 마음을 다잡아갔다.

아이들은 예상보다 빠른 속도로 성장하고 성숙해졌다. 스스로 할 수 있는 일이 많아졌고, 엄마의 그늘에서 벗어나고 싶은 날도 늘어갔다. 방에서 수업 듣고 있으면 조용히 나가며 문 닫아주고, 시리얼 같은 간식도 알아서 챙겨 먹고, 궂은 날씨에도 학원까지 걸어갔다.

육아에 전념하느라 놓쳤던 때를 보상받는 것처럼, 늘어난 시간을 보다 밀도 있고 생산적으로 쓰고 싶어졌다. 이왕이면 나를 성장하게 해주는 것을 익히고 싶었다. 하나둘 배움을 이어가다 보니 앞으로 해야 할 일, 하고자 하는 일이 선명해졌다. 실행을 위해 24시간을 새벽, 오전, 오후, 저녁으로 나눠 쓰기 시작했다. 연간, 주간, 월간, 분기별로 기록하고 점검하고 수정하다 보니 AI 같은 하루를 보내기도 한다. 이전 같았으면 해야 하는 일이 있어도 갑작스레 생긴 약속에 나갔을 텐데, 삶의 중심에 나를 둔 후로는 풍파를 버틴 돌멩이처럼 튼튼해졌다.

파스텔 색조와 연두 초록빛이 만개하던 2023년 봄날. 개나리, 진달래, 벚꽃 등 문만 열고 나가면 만개한 꽃들이 줄지어 있었다. 장보러 밖을 나서는데 나들이 가는 사람들이 보였다. 그들의 표정을 보고 있노라니 반사적으로 갈등 풍선이 올라오다 이내 터졌다.

살짝만 눌러도 으스러지던, 실바람에도 거세게 흔들리던 내가 변했다. 삶의 중심에 아이가 있던 시기를 겪은 덕분인지, 나를 되찾은 덕분인지 전보다 단호해졌다. 아니다 싶은 일에는 당당하게 'No'를 외친다. 하고 싶은 일을 떠올리며, 진하고 두꺼운 페르소나를 덧댄다. 앞날을 향한 강한 의지를 꺼내며 중심을 단단히 뿌리내리려 한다.

"엄마는 왜 과학고 안 나왔어요?"
"엄마는 왜 서울대 안 나왔어요?"

4년 전 어느 일요일. 아이들과 오전 내내 뒹굴뒹굴하다 차로 10분 거리에 있는 어린이 회관에 방문했다. 안으로 들어서자마자 어린이를 위한 과학 교실의 마지막 수업이 시작된다는 방송이 나왔다. 교실에는 네 개의 8인용 공유 테이블이 준비되어 있었고, 과학 고등학교 학생 여러 명이 선생님으로 배정되어 있었다. 산과 염기를 주제로 간단한 실험을 하는 거였다. 벽면에 있는 간이의자에 앉아 아이들 모습을 보고 있자니 첫째는 제법 따라 하는데 다섯 살인 둘째는 어려웠나 보다. 손에 묻지 않도록 작은 숟가락을 이용해서 넣으라는데 책상 위로 가루가 흩어졌다. 스포이트로 액체를 빨아들여 시험관 안에 넣으라는데 자꾸만 나를 불렀다.

마음처럼 되지 않으니 만지작거리며 놀기 시작했다. 수업 진행을 도와주던 남학생 한 명이 아이 옆에 앉았다. 책상 위에 흘린 가루와 액체를 닦아주며, 지나가는 여학생에게 이 꼬마는 우리가 봐주자고 했다. 두 학생 모두 아이 곁에 앉아 차근차근 설명해 줬다. 조곤조곤한 말투에 집중이 되는 건지, 예뻐서 그런 건지 자꾸만 누나에게 눈길을 줬다. 반대편에서 희끗희끗 쳐다보던 첫째도 동생 옆으로 자리를 옮겼다. 잘 따라 하고 있었는데, 형과 누나를 향해 어떻게 하는지 모르겠다고 했다. 둘째에게 그랬던 것처럼 차분한 태도와 말투로 아이를 이끌어 주는 모습을 보고 있노라니 반사적으로 엄마 미소가 나왔다.

수업 후, 색이 다른 액체가 담긴 물약 통을 양손에 쥐고 뛰어오는 아이들은 과학실험이 이렇게 재미있는 줄 몰랐다며 감탄사를 연발했다. 돌아오는 차에서 첫째가 말을 꺼냈다.

"엄마, 아까 그 형이랑 누나 고등학생이래요."
"응. 안 그래도 그러더라고. 재미있었어?"

"네. 어려워하니까 옆에서 도와줬어요. 진짜 친절했어요. 근데 어느 고등학교 다니는지 알아요?"

"그 옆에 있던 학교 봤어? 과학고등학교에 다닌대."

"아… 그런데 엄마는 왜 그 학교 안 나왔어요?"

"…."

안 나온 게 아니라 못 나온 거라고 말하지 못했다. 그 학교는 공부를 좋아하고 잘해야 갈 수 있는 곳이라 했다. 내 대답이 잘못된 걸까.

공부를 얼마만큼 좋아해야 하는지, 많이 해야 하는지, 잘해야 하는지로 시작된 질문은 우리나라에서 몇 등 안에 들어야 하는지, 거기 다니면 잠잘 시간은 있는지, 아인슈타인처럼 노벨상도 받을 수 있는지로 이어진다. 집에 와서도 이어지는 질문의 끝은, 그래서 엄마는 왜 과학고를 나오지 않았느냐로 돌아왔다.

3학년이 된 첫째와 집으로 걸어오는 어느 날, 진지한 표정으로 물었다.

"엄마, 우리나라에서 제일 좋은 대학교가 서울대예요?"

"응, 맞아. 그런데 거기 말고도 좋은 학교는 많아."

"그래도 1등은 서울대라던데요. 엄마는 근데 왜 서울대 안 나왔어요?"

"…."

'서울대 나왔으면 지금 이러고 있겠니.' 속으로만 답했다.

중학교에 입학해 친구들과 인사를 나눌 때면 어느 초등학교를 졸업했는지 묻고 물어봤다. 간혹 사립학교를 나온 친구들이 있었다. 당시만 해도 공립과 사립학교의 차이를 알지 못했다.

과학고도 마찬가지였다. 같은 반에 언니나 오빠가 과학고를 다닌다고 자랑하거나 비교당하는 게 스트레스라고 하는 친구를 통해 듣는 정보가 전부였다. 그 학교 담이 그렇게 높은 줄은 학년이 올라가면서 절로 알게 되었지만, 알았다고 한들 시도조차 할 수 없었다.

고등학교 때도 그랬다. 명문대를 목표로 하는 친구는 따로 있었다. 그들과 나의 체감 거리는 책상 위치보다 멀고 멀었다. 1학년 때, 현실을 알았다. 희망하는 대학교 목록은 학년이 올라갈수록 지도상 남쪽으로 내려왔다. 서울을 향하지 못하는 현실성적은 '서울대학교, 고려대학교, 연세대학교' 이름이 적힌 연습장 사용으로 달랬다.

아이에게서 처음 이런 질문을 받았을 때만 해도, 웃고 넘겼다. 거듭 비슷한 질문을 해대는 아이를 보며, 어떤 생각이 뇌리를 스쳤다. '특목고나 명문대를 나오지 않았다고 해서 삶이 불행한가? 누구나 아는 학교를 졸업한 건 아니지만, 불편하거나 부족하지 않은데.'

만일 명문대를 나왔더라면, 조금 더 여유롭고 당당하게 살고 있을지도 모른다. 그러나, 지금처럼 새로운 일에 도전하며 살 수 있었을까. 배우고 익히고 가르치며 하루를 디자인하는 지금이 40년 인생 가장 풍요롭고 행복한데.

그만할 법도 한데 여전히 묻는다.
"엄마는 왜 서울대 안 나왔어요? 왜 거기 갈 만큼 열심히 하지 않았어요?"
"그때 많이 안 했으니까 지금 이렇게 하는 거지. 하고 싶은 공부를 하며 바쁘게 사는 지금이 더 좋아. 그리고 있잖아. 엄마가 왜 가지 못했는지, 갈 수 없었는지 네가 크면서 절로 알게 될 거야."

고개를 갸우뚱하더니 방으로 들어간다. 그 뒷모습을 보며 어쩌면, 아이는 예상보다 일찍 답을 찾게 될지도 모른다는 예감이 들었다.

자리에 앉아 책을 펼치는데 생각이 진지해진다. 명문대(名門大)의 타이틀은 없지만, 나라는 존재를 그렇게 만들면 어떨까. 그런 사람이 될 수 있을지도 모른다는 기대를 품으며 일에 집중한다.

10년 버킷리스트를 만들자

올해 초, 구글에서 대화형 인공지능 서비스인 Chat GPT를 선보였다. 이것저것 질문을 해대면 번개 같은 속도로 답한다. 짜장 만드는 방법, 글 잘 쓰는 방법, 노후 대비하는 방법 등 가벼운 것부터 심오한 질문까지 막무가내로 물어도 친절히 답한다. 2023년 6월 28일을 기점으로 다시 마흔이 되었다. 죽기 전에 한 번쯤 해보고 싶은 것을 버킷리스트라고 한다는데, 내 또래들은 어떤 걸 꿈꾸고 있을까. 전 세계에 뿌려진 빅데이터의 결과를 알고자 자판을 두드렸다.

"40대들의 버킷리스트를 알려줘."

"40대는 직업적, 개인적, 모험적 열망이 혼합된 경우가 많습니다. 다음은 그들의 버킷리스트에 포함될 수 있는 몇 가지 항목입니다. 여행 모험, 경력 및 개인적 성취, 건강 및 웰니스 목표, 가족 및 관계, 자기 계발, 모험과 스릴 추구, 환원 및 자원봉사, 목적이 있는 여행, 문화 및 예술 체험, 재정 목표 및 보완이 있습니다."

열 가지가 넘는 항목을 쳐다보며 10년 이내 실행할 수 있는 목록을 찾아봤다. 개인적 성취, 건강 관리, 자기 계발은 이미 하고 있으니 남은 항목에서 리스트를 작성해 보았다.

첫 번째, 모험과 스릴을 추구하는 여행이다. Chat GPT는 이렇게 답한다.

"스카이다이빙, 번지점프 또는 기타 아드레날린이 솟구치는 활동. 하이킹, 캠핑 또는 암벽 등반과 같은 활동을 통해 자연을 탐험하십시오. 야생 동물 사파리에 가거나 극한 스포츠를 경험하십시오."

겁이 많아 과감한 도전은 못하지만, 색다른 방식의 여행은 하고 싶다. 나에게 크루즈를 타자고 외치는 친구가 있다. 이 말을 들었을 때 만해도 손사래 쳤다. 뱃멀미가 심한 편이라 30분 타는 것도 힘들다. 멀미약을 먹고, 귀밑에 패치를 붙여도 울렁이는 고통을 이기지 못한다. 얼마 전, 그 친구를 통해 크루즈 여행 전문 작가님을 만났다. 뱃멀미 운운하는 나를 보며 그럴 일 없을 거라며, 걱정을 걷어주었다. 숱한 경험이 있는 분의 조언을 들으니 전봇대 같던 마음이 움직였다. 그녀는 내심 서운함을 표현했지만, 함께 떠나자는 약속을 하며 버킷리스트에 담았다.

두 번째, 재정 목표 및 보완을 위한 부동산 소유다. Chat GPT는 이렇게 답한다.

"특정 수준의 재정적 안정 또는 퇴직 저축을 달성하십시오. 부동산, 주식 또는 기타 금융 상품에 투자하십시오."

답변을 읽자마자 김승호 회장의 『돈의 속성』을 읽으며 밑줄 그어둔 페이지를 펼쳤다.

"본인의 능력으로 건물과 상권의 고객 트래픽을 증가시켜 발생한 건물 가격과 임대료 상승을 오히려 건물주에게 지불하는 것이다. 스스로 건물 소유자가 되어 사업과 트래픽 증가 이익 모두 챙겨야 한다. 음식을 팔아 번 돈보다 많을 수도 있다."

주변에 자영업을 하는 이들 중에서, 계약 종료 후 건물 가치를 높여주고 나오는 경우를 종종 본다. 심지어, 상승하는 가치는 고려하지 않고 임대료를 높이며 이득을 취하는 건물주도 있다. 어차피 월세를 내야 하면, 은행 이자로 주는 게 낫다는 판단이 섰다. 당장 사업장이 필요하건 아니지만, 조물주 위에 있는 은행으로부터 최대한 도움을 받아서 내 이름이 적힌 작은 건물이라도 소유하고 싶어졌다.

세 번째, 환원 및 자원봉사를 위해 일정 금액을 기부하는 것이다. Chat GPT는 이렇게 답한다.

"자원봉사나 기부를 통해 열정을 기부하세요. 지역 사회 봉사 프로젝트를 시작하거나 참여하십시오. 다른 사람을 가르치거나 전문 분야에 지침을 제공하십시오."

특정 구호단체에 아너 소사이어티라는 모임이 있다. 1억 원 이상을 기부하였거나 5년 이내 납부를 약정한 개인 고액 기부자들로 구성된 단체다. 사회적 문제를 해결하기 위한 참여와 지원을 통해 더 밝은 내일을 열고자 하는 지도자들의 모임이기도 하다.

그 정도 금액을 기부하려면 얼마만큼 성공을 이뤄야 할까. 그들 중 한 사람이 되고 싶지만, 가능성은 뿌옇기만 하다. 현재, 과테말라에 있는 어린이에게 정기금액을 후원하고, 급식이 없는 방학을 보내야 하는 학생들에게 식사비를 후원하고, 기관에 책이나 옷을 전하는 게 전부다. Chat GPT의 대답처럼, 여기에 머무르지 않고 더 많은 금액과 재능을 기부하고 싶다. 성공해야 하는 또 다른 이유가 생겼다.

지금으로부터 10년의 끝에, 몇 가지를 이뤄냈을까. 창을 닫으려

할 즈음, 또 다른 물음표가 나타났다.

"그 사람들은 이것들을 실현했니?"

"버킷리스트는 매우 개별적이고 사람마다 다를 수 있기에 위에서 언급한 항목을 실현한 정확한 사람 수를 제공하기는 어렵습니다. 사람들은 서로 다른 우선순위, 자원 및 기회가 있습니다. 40대의 많은 사람이 항목 중 일부를 달성했을 수 있지만 오래 걸릴 수 있는 성취, 지속적인 추구 및 목표를 혼합하여 이루는 것도 일반적입니다. 이러한 목표를 향해 나아가는 여정이야말로 목표를 달성하는 것만큼 의미 있고 성취감이 있을 수 있음을 기억하십시오."

그렇다. 하고자 하는 모든 걸 달성한다거나 반드시 결과물이 나온다고 보장할 수 없다. 목표 달성보다 중요한 건 그 길을 향한 여정이다. 도전만으로도 멋지지 않은가. 역시는 역시라며, 인공지능의 답변에 엄지를 세웠다.

• 아이와 함께 동남아 한 달 살기 강사 페르소나 •

2018년 여름과 겨울. 2019년 여름. 세 차례에 걸쳐 태국 치앙마이와 말레이시아 쿠알라룸푸르에 한 달씩 머물렀습니다. 도서관을 포함한 기관에서 미취학 자녀들과 한 달 동안 안전하게 다녀올 수 있도록 경험을 담은 정보, 팁, 자료를 전달합니다. 코로나로 인해 멈추었지만, 머지않아 다시 떠날 수 있는 날이 오길 기대합니다.

태도에도 페르소나가 필요하다

"요즘도 바쁘지?"

언제부턴가 지인들은 전화를 걸기 전, 통화 가능 여부 메시지를 보낸다. 즉각 응답하지 못하는 날이 늘어나서일까. 통화버튼을 누르기 망설여진다는 말에 미안하면서도 고맙다. 작년까지만 해도 전화하면 언제든 받고, 메시지에 즉각 응답하고, 모임에도 무조건 참석했었는데. 삶의 목표가 분명해지니 하루가 촘촘해졌다. 다 해내려니 계획적으로 살아야 한다. 태도에도 페르소나가 필요했다.

하브루타 강사로 활동하지만, 같이 공부한 사람들과 비교하면 출강 범위도 좁고 강의 횟수도 적은 편이다. 자격증 취득 후 곧바로 수업을 시작한 사람도 있지만, 역량 부족을 핑계 삼아 1년이 지나서야 초등학교 방과 후나 도서관에서 강의를 시작했다. 그마저도 소개의 소개로 하는 게 전부였다. 소소한 일거리처럼 해오던 강의도 코로나를 피해 가지 못했다. 1년 동안 쉬다가 수업을 재개할 때도 기존에 강의하던 곳과 섭외 들어오는 한두 군데만 선택해 일주일에 세 번 정도만 수업을 진행했다.

2년 전 마지막 달. 작가다운 글을 써보겠다는 마음으로 글쓰기 수업을 듣기 시작했다. 공부를 통해 기본기를 다져 적당한 시기에 출간해보자는 희미한 목표를 가지고 출발했다.

비슷한 시기에 등록한 작가 중 한 달도 채 되지 않아 초고를 완성하는 작가가 있었다. 본인 예상보다 이른 시기에 출간하는 작가도 있었다. 수업을 듣고, 전 · 현직 작가의 이야기를 들을수록 쓰고 싶은 욕심이 생겼다. 최근 10년 동안 가장 많은 시간을 투자하고, 잘하려고 애쓰고, 앞으로도 해야 하는 '육아'의 발자취를 남기고 싶어졌다. 시중에 차고 넘치는 게 육아서지만 모든 아이와 부모가 붕어빵 틀에서 찍어낸 듯 같은 성향, 성격, 육아 철학을 가진 건 아니다. 고민은 시간만 늦출 뿐이라며 계획을 앞당겼다.

다이어리에 한 달 내에 초고를 쓰겠다고 적었지만 실제로 두 달 더 걸렸다. 절실하지 않았다. 독하지 않았다. 사람들을 만나고, 수다 떨고, 다닐 곳 다 다니며 어제와 다를 바 없는 일상을 살았다. 한 사람이 오늘을 사는 모습을 보면 그 사람의 내일이 보인다던데. 책은 언제쯤 만나볼 수 있냐는 질문에는 자판기처럼 뚝딱 나오는 게 아니라고만 답했다.

석 달 거쳐 완성한 초고를 보는데 끊임없이 한숨이 나왔다. 쓰는 기간이 길어서일까, 기억력이 짧아서일까, 실력이 이것밖에 되지 않는 걸까, 나답지 않은 모습으로 포장한 것은 차치하고라도 글도 엉망이고, 중복되는 내용도 많았다. 초고는 머리가 아닌 손이 쓰는 거다, 분량을 채우는 게 목표다, 휘갈기면 된다고 하지만 지나치다 못해 엉켜버렸다. 글쓰기를 우선순위에 두고 집중했다면 수차례에 걸쳐 퇴고할 필요가 있었을까. 글을 다듬는 과정에서 몇 번이고 엎어버리고 싶고, 없던 일로 하고 싶고, 다시 쓰고 싶은 마음이 솟구쳤지만, 도 닦는 심정으로 참고 버텼다.

달라지고 싶었다. 투덜거리고, 한탄하고, 부끄러워하던 내가 한심했다. 태도를 달리해야 했다. 지금처럼 모든 일을 마주한다면 도약은커녕 제자리걸음도 겨우 할 터였다. 매번 계획을 미루고 느슨해지고 피하던 내가 아닌, 변화하는 나를 맞이하기로 했다.

작년 가을부터 이른 기상을 시작으로 여러 가지 루틴을 하기도 하지만, 배움을 위한 수업을 듣고 강의도 한다. 아이들 수업을 위한 교재 연구 모임도 하고, 북토크도 참여하고, 글쓰기 코치로도 활동하며 페르소나를 추가했다. 불과 1년 전만 해도 이렇지 않았다. 참여해야 하는 수업이 있어도 개인적인 일로 나가지 않는 날이 흔했고, 교재연구를 위한 사전 준비는 임박해서 했으며, 북토크에 참여해도 남을 앞세우고 병풍처럼 서 있었다.

올해 상반기에 열 명의 작가들과 함께 『발표 불안은 어떻게 명품 스피치가 되는가』의 초고를 집필하는 동안 가족들과 치앙마이에 있었다. 예전 같으면 여행 중이라 못한다며 일정을 조율해 달라든지, 미안하지만 빠지겠다든지, 대충해도 이해해 달라든지 하며 뜨끈한 밥상의 기운을 식게 했을 테다. 더는 그러고 싶지 않았다. 다른 사람에게 피해 주고 싶지 않았고, 나에게 실망하고 싶지도 않았다. 루틴을 건너뛰더라도 집필에 집중했다. 여행지에서도 이른 기상을 유지하며 써 내려간 덕분에, 나머지 일정도 차질 없이 진행할 수 있었다.

이 글을 쓰는 현재, 개인 저서와 공동저서를 동시에 집필하고 있다. 루틴도 해야 하고, 강의도 해야 하지만 매일 계획해 둔 목표만큼 써내고 있다. 스스로 약속한 일정에 차질이 생긴 적도, 마감을 미룬 적도 없다. 잘 써지는 날은 잘 써지는 대로, 안 되는 날은 안 되는 대로 전체적인 일정을 흩트리지 않았다. 상황에 따라 낮잠과 밤잠도 줄이고 불필요한 약속도 잡지 않았다. 혼잣말로 '바빠 죽겠다, 힘들어 죽겠다, 피곤해 죽겠다.'라는 푸념은 하지만, 어느 때보다 긴장과 집중이 최고조에 달하고 있다. 쉴 틈 없이 바쁘다가도 나오는 결과물을 보면, 그동안 겪은 감정과 고충이 휘발된다. 조금 더 힘든 과제도 해낼 수 있겠다는 자신감도 생긴다. 더는 나태하고 게으르고 허둥대고 싶지 않다. 태도에 쓰고 있는 페르소나만큼은 내 안에 스며들길 바라며 하려는 모든 일에 정성을 다할 것이다.

가치 있는 페르소나로 만들자

"언니, 가위 있어?"

"주방 가위 있네. 이걸로 되겠어?"

2년 전 여름. 유치원 학모로 만난 엄마들과 해운대로 여행을 갔다. 170센티미터 키에 늘씬한 몸매와 긴 머리를 소유한 그녀는 숙소에 도착하자마자 메고 있던 가방을 벗고 거실에 쪼그리고 앉았다. 가방 왼쪽에 있는 나비 모양 매듭을 잡더니 가위를 들었다. 매듭 묶고 남은 줄이 거슬린다는 이유였다.

"이렇게 비싼 가방 줄을 주방 가위로 자른다고? 매장에 가서 수선을 맡겨야지!"

"이거 ○○시장에서 3만 원 주고 산 건데!"

그녀는 이 디자인이 특정 브랜드 카피 상품인 줄도 몰랐다. 만 원짜리 티셔츠 한 장도 고급스럽게 연출하는 그녀는 가방 줄을 팽팽하게 잡아당긴 후 천천히 잘라냈다.

"역시, 너답다. 그 많은 연봉 받아서 뭐 하려고? 너 정도 능력이면 명품 하나는 사도 되지 않아?"

몇 년째 같은 가방을 들고 출근하는 그녀를 보며, 후배를 포함한 동료들도 제발 쇼핑 좀 하라며 한마디 한다 했다. "이번에 보너스 받으면 꼭 살려고."라고 말하지만, 다음에도 어김없이 같은 가방을 들고나온다. 일에 치여 검색할 시간이 없다, 사러 갈 시간도 없다, 같이 가 줄 사람이 없다 등 '없다' 3종 세트를 연발한다. 쇼핑을 위해선 없는 시간과 돈도 만들어 내는 게 물욕의 힘 아닌가. 어영부영하다 구매 시기도 놓치고, 물욕도 사라진다는 그녀는 아우라만 보면 명품매장 VIP지만 실제로는 전통시장 충성고객이다.

올해 초, 집으로 우편물이 왔다. CHANEL이라고 적힌 손바닥 크기 봉투 안에 뭔가 들어 있었다. 지인에게 카카오톡에 있는 선물하기 기능을 통해 샤넬 립밤을 선물했는데 그것 때문에 온 건가. 일주일째 식탁에 방치된 우편물을 보며 첫째가 '채널'에서 온 거, 왜 안

뜯냐고 물었다. 열어보니 멤버십에 가입해 줘서 감사하다는 카드와 함께 종이학 크기 메모지 넉 장이 들어 있었다. 딱히 활용도가 없어 보이는 종이를 보니 씁쓸했다.

KTX 승무원으로 재직할 때만 해도, 나를 위한 선물이라며 1년에 한 번 정도는 '지름신'을 반겼다. 명품매장이나 백화점에서 배송되는 카드를 받으면 특별대우를 받는 듯했다. 어쩌다 한두 번 책자가 도착하면, 해당 월이 지난 뒤에도 거실에 두었다. 신혼 때까지는 나들이 겸 가끔 나섰지만 출산 후에는 발길을 끊다시피 했다. 가더라도 문화센터, 아쿠아리움, 식당가를 둘러보는 게 전부였다. 명품매장이 즐비한 층은 일부러 가지 않았다. 경제적 능력도 없을뿐더러, 장착하고 나갈 곳이 없다는 이유에서였다.

둘째를 낳고 20개월이 지났을 무렵, 경력단절에서 나와 백화점 명품매장에 취직했다. VIP 고객들은 나와 다른 세상에 사는 듯했다. 갖고 싶은 리스트를 골라 경제적 상황과 온라인 후기를 참고해 1차 적으로 선택폭을 줄인 후 매장에 방문하는 나와 달리, 제품에 대해 아는 게 별로 없는 고객도 꽤 있었다.

8할을 카드 할부제도에 의존하던 나와 결제 방식도 달랐다. 80대 20이라고 하는 '파레토의 법칙'은 백화점 고객에게도 적용되고 있었다. 상위 20퍼센트 고객이 매출의 80퍼센트를 일으키는 현장을 볼 때마다, 명품은 현실에서 멀어져갔다. 근무하면 할수록 물욕의 불씨가 빛을 잃었다.

매달 신상품이 출시됐다. 다 숙지해야 했다. 여기는 알고 있던 것보다 훨씬 큰 세계였다. 다른 브랜드까지 합하면, 매달 쏟아지는 신상은 가늠할 수 없다. 1년 도 못 채우고 그만뒀지만, 퇴사 이후 백화점을 향한 발길은 다시 줄어들었다.

20대 때, 직장에 다닐 때만 해도 명품은 나를 자신 있게 만들어주는 도구였다. 들고 있으면 발걸음과 표정이 당당했다. 나의 가치가 그만큼 상승한 것 같았다. 그랬던 내가 명품을 대하는 마음가짐이 달라졌다. 유행이 지난 것, 가지고 다니지 않는 것, 앞으로도 사용할 일이 없어 보이는 물건은 중고 시장에 팔아 부수입을 챙겼다. 멀리하고 산다고 해서 인기가 있거나 화제가 되는 제품 정보를 전혀 모르는 건 아니다. 사지 않는 것도 아니다. 단지, 명품을 바라보는 시선이 변했고 기준이 바뀌었을 뿐이다.

결혼 전과 지금의 내가 고급브랜드를 바라보는 시각이 달라진 것처럼, 저마다 명품에 대한 기준은 다르다. 젊은 시절의 나처럼 애쓴 자신에게 주는 보상이니 그 정도는 사도 괜찮다는 관점, 누가 무엇을 가지고 다니든지 신경 쓰지 않는다는 관점, 소박하고 검소하게 사는 게 낫다는 관점, 자신의 가치를 명품으로 만들고 싶다는 관점 등 저마다 다양하다. 앞으로의 나는 어떻게 변할지 알 수 없지만, 현재로서는 내가 가진 페르소나의 가치를 높여, 나라는 사람 자체로 '명품'이고 싶다.

제3장

도전만으로도 성장한다

내가 글을 쓰는 이유

'작가'

마흔이 되며, 인생 밑그림에 없던 새로운 타이틀을 가지게 되었다.

가족도, 지인도, 처음 보는 사람도 '박 작가', '작가님'이라 부른다. 3년 차 임에도 여전히 낯설고 어색하다. 작가 페르소나가 이렇게나 무거울 줄이야. 어깨마저 움츠러들지만, 이전보다는 "네."라는 대답에 힘이 실린다.

2019년 1월 어느 날. 내년이면 초등학생이 될 첫째가 걱정됐다.

인성이 바른 아이로 자랐으면 좋겠고, 해맑은 아이로 자랐으면 좋겠고, 학교생활도 잘하는 아이로 자랐으면 좋겠다. 그러기 위해 가정에서 엄마로서 할 수 있는 교육방식이 없을까 찾아보다가 유대인 자녀 교육법인 하브루타 관련 도서를 읽게 되었다. 깊이 있게 알고자 관련 강의를 수강하며 2급에 이어 1급 자격증을 취득했다. 공부하는 동안 같은 목적을 가지고 만난 엄마들과도 친분을 쌓게 되었다. 인근 도서관에서 매주 수요일 오전에 만나 공부를 이어갔다. 그림책, 청소년 소설, 역사책을 읽고 토론했다. 1년 가까이 이어가던 모임은 코로나 팬데믹 시대를 맞아 강제 중지되었다. 같이하는 사람이 없다는 핑계로 아무것도 하지 않았다. 온종일 집에만 있음에도 책을 펼칠 날이 없었다.

아이가 입학했다. 전례 없던 온라인 입학식이다. Zoom이라는 가상공간에 접속할 수 있도록 준비해야 했다. 설치, 사용, 기능 파악 등 새로운 인터넷 환경을 접했다. 1, 2교시에는 교육 방송을 시청하고 3, 4교시에는 노트북 화면 너머로 선생님과 친구들을 만났다. 한 달이 넘고, 두 달이 넘어도 나에게는 낯선 학교생활이었다.

2021년 1월. 집에만 있던 우리는 아이의 수업 참여를 위해 익히기 시작한 기능을 이용하고자 했다. 도서관에 가는 대신 모니터 앞으로 모였다. 이전과 같은 요일과 시간이다. 각자 다른 공간에 앉아 있지만 같은 화면을 보며 책을 읽고 이야기를 나누었다.

일곱 명의 사람 중, 출간 경험이 있는 작가가 두 명 있었다. 나머지 다섯 명은 제대로 된 글 한 편 발행한 적 없었다. 실행력이 강한 한 사람이 의견을 제시했다. 우리의 이야기를 담은 글을 써보자고. 반신반의했지만 되기만 된다면 바랄 게 없었다. 혼자라면 엄두도 내지 못했을 도전이다. 글쓰기 연습 한 달, 초고 작성 두 달, 퇴고 두 달, 투고 두 달이 걸렸다. 격려와 응원을 아끼지 않고 예정된 기한을 넘기지 않으며 순조롭게 이어갔다.

바람이 차가워지던 11월 가을. 우리의 이야기를 담은 책이 나왔다. 딸, 며느리, 아내, 엄마 역할을 떠나 자신을 사랑하는 마음을 담은 『나는 나를 사랑해서 책을 쓰기로 했다』를 출간했다. 출간 후, 가족들이 작가라고 불렀다. 지인들도 그랬다. 몇 페이지 쓴 게 전부인데, '작가님'이라 불리니 호칭만 들어도 낯빛이 붉어졌고 시선은 바닥을 향했다.

석사학위 졸업장을 받을 때 논문 집필 때문이라도 박사과정은 못한다 했다. 글 쓰는 게 힘들어 진짜 작가는 못 되겠다고 했다. 속단은 안 된다더니, 아이들 반응을 보며 마음이 실시간으로 바뀌었다. 하는 일도 없는 참에 제대로 된 글 쓰는 방법을 배우고자 관련 강의에 등록했다.

두 시간 동안 진행되는 수업은 글쓰기 까막눈인 나에게 신세계였다. 글은 말로 표현하는 것과는 확연히 달랐다. 입 밖으로 내뱉는 말은 중복하거나 순서가 바뀌어도 되지만 글은 아니었다. 나 같은 사람을 위한 연습용으로 100가지 주제를 주었다. 연습 삼아 하루에 한 꼭지씩 써봤다. 시작 첫날만 해도 한 편의 글에 네 시간을 매달렸다. 아침, 점심, 저녁을 쪼개어도 완성할까 말까였다. 엉망인 글이라도 매일 쓰고, 자신 없는 글이라도 매일 쓰고, 누가 볼까 부끄러운 글이라도 매일 쓰라는 말에 시키는 대로 했다. 글 수준이 나아진 건 아니지만 멍하니 앉아 있는 시간은 줄어들었다.

최소 6개월 이상은 수업에서 배운 내용을 토대로 연습만 하려 했다. 아직은 시기가 아니라던 마음이 꿈틀거렸다. 매주 수요일에 있는 정규수업을 들을 때마다 출간 시기를 앞당겼다. 출간한 작가들의 이야기를 들을 때면 밟힌 지렁이가 몸부림치는 격이 되었다. 이르다고 다그쳤는데 목표가 바뀌었다. 쓰고 싶어졌다.

내 글을 쓰겠다며 앉았다. 매일 쓰는 조건으로 계산하니 40개의 글을 쓰는데 한 달 반 정도면 충분할 듯했지만 갖은 핑계와 개인 사정으로 초고 완성까지 백일이 걸렸다. 한 달 만에 끝내겠다던 퇴고도 두 달이 걸렸다. 투고도 두 달. 뱃속에 품은 아이처럼 출간계약에 이어, 서점 신간 코너의 조명을 받기까지 총 열 달이 걸렸다. 출판사로부터 스무 권의 책이 도착했다. 아이들은 택배 상자를 열어 진짜로 엄마 이름이 적혔나 확인했다. 아직 책을 읽기가 버거운 둘째는 표지에 실려 있는 엄마 얼굴을 한참 보더니, 그날 이후로 어디를 가나 우리 엄마는 '작가님'이라고 했다. 작가라고 해도 될 텐데, 굳이 '님'을 붙인다. 선생님, 친구들, 마트에서 적립 번호를 물어보는 직원에게도 우리 엄마는 '박지연 작가님'이라 한다. 제발 그러지 말라고 애걸복걸해도 개의치 않는다.

개인 저서를 출간한 뒤, 작가님이라고 부르는 사람이 많아졌다. 올해 상반기, 일주일 간격으로 두 권의 공동저서를 출간하며 흉내가 아닌 진짜 작가로의 페르소나를 가지게 되었다.

우연한 기회에 쓰기 시작한 책 한 권이 삶을 바꿔주었다. 출간할 때마다 경력 사항이 추가된다. 그 한 줄의 힘은, 아이 한 명을 출산하고 키우는 감동에 비할 수 없을 만큼의 힘이 있다. '작가'라는 페르소나는 여전히 어색하나 호칭에 부합하기 위해서라도 글 쓰는 삶을 이어갈 것이다.

· 작가 페르소나 ·

하브루타와 슬로리딩을 공부하다가 글을 쓰게 되었습니다. 공동저서
인『나는 나를 사랑해서 책을 쓰기로 했다』. 개인 저서인『역마살 엄마
의 신호등 육아』를 출간하며 작가의 삶에 들어섰습니다. 단 한 번도
꿈꿔본 적 없던 페르소나지만, 덕분에 하루를 대하는 마음가짐과 세
상을 보는 눈이 달라지고 있습니다.

일상에서 만나는 글 내림

글 쓰는 삶을 살겠다고 했지만, 매번 실 옷 풀리듯 글이 써지는 건 아니다. 특별한 이벤트가 있던 날이 아니면 노트나 모니터를 보며 명상에 빠지는 날도 많다. 전업 작가로 활동하는 이들의 블로그를 방문하면 일정하게 새벽, 오전, 오후에 올라오는 글이 보인다. 긴 한숨이 나온다. 신내림을 받는 무속인처럼 글 내림을 받는 작가가 되고 싶은데, 언제쯤이면 오려나. 오지도 않을 신, 어디에 있는지, 존재하지도 않는 신을 기다리기도 했다.

주변에 있는 몇몇 작가도 술술 쓰는 게 쉽지 않다고 했다. 글감 찾는 것부터 그렇다며, 나와 같은 볼멘소리를 하는 이도 있었다.

언젠가 TV에서 『여행의 이유』의 김영하 작가가 한 말이 떠올랐다. 글을 쓰기 시작한 후로 메모하는 습관을 지니게 되었다고. 문득 떠오르는 생각이나 소재거리를 발견하면 가던 길을 멈추고 냅킨 위에라도 적는다고 했다. 순간의 기록이 담긴 흔적을 보여주는 장면을 보며 피곤하게 산다고만 여겼다. 그랬던 내가, 그의 말처럼 글감을 찾아 헤매고 있다.

글 쓰는 방법을 알려준다는 도서나 영상을 보면 일상에서 찾으라는 조언이 많다. 매일 같은 패턴이 반복되는데 어떻게 찾으란 말인가. 기대는 먼산을 향해간다. 일상에서 글감 찾는 방법이라는 예시 글을 여러 차례 읽고 따라 하다 보면 감탄사만큼이나 말줄임표도 늘어갔다. 기록으로 남겨야만 기억이 되살아난다는데, 언제쯤이면 되려나.

쓰고 싶었다. 뭐든 쓰기만 하면 좋을 듯했다. 한 줄이라도 시작하고 싶었다. 쓸거리를 만들기 위해 매번 여행을 가거나 특별한 이벤트를 만들 순 없다. 일상에서 찾으란 이유가 있겠지. 도서, 영상, 글쓰기 수업에서 알려주는 팁을 참고하며 소재를 향한 벽을 낮추었다.

매일 보는 사물과 사람을 작정하고 관찰하기 시작했다. 숨어 있는 특징을 찾아 억지스러운 의미를 부여하기도 하고, 관련된 기억을 떠올려보려 애썼다. 절박한 의지는 꼬리에 꼬리를 물어 생각의 물꼬를 트이게 했다. 한 단어에서 한 문장, 한 문단으로 완성해 나갔다.

오늘은 2023년 5월 10일 수요일, 오전 9시 50분.

노트북 옆에 엎어둔 안경이 보인다. 왼손으로 안경 발을 잡아 양손으로 귀에 꽂는다. 작년에 개인 저서를 쓸 때 맞춘 안경이다. 전자기기와 한몸이 되는 날이 많아질수록 글씨가 잘 보이지 않는다. 거스를 수 없는 노안도 한몫한다.

초등학교 2학년 어느 날. 4교시까지만 해도 멀쩡하게 수업을 듣고 있었다. 하교 전, 알림장을 쓰려 고개를 들어 칠판을 보는데 하얗게 쓰인 글씨가 보이지 않았다. 몇 번이나 눈을 깜박였다. 고개를 흔들어도 보았다. 짝꿍에게 물어보니 잘만 보이는데 무슨 소리냐 한다. 몇 분 상간에 이렇게나 흐리게 보일 수 있는 건가. 집에 오자마자 엄마와 안과에 갔다. 좌우 시력 0.3이 나왔다. 갑자기 그럴 수 있냐는 물음에 그럴 수 있다는 대답을 해주지만 아홉 살짜리가 이해하기엔 어려웠다. 병원 옆에 있는 안경원에 갔다. 어떤 걸 고를까. 알록달록한 색을 좋아하던 때라 빨간 안경테를 골랐다. 유리로 된 안경알까지 넣으니 멋쟁이 어른이 된 거 같았다.

친구들의 부러운 시선을 받으며 올라간 어깨 뽕은 오래되지 않아

내려왔다. 한몸이 된 안경이 불편했다. 점점 나빠진 시력은 마이너스가 되었다. 안경을 끼고 있으니 피구도, 멀리뛰기도, 고무줄놀이에도 과감할 수 없었다. 여름에는 미끄러지듯 내려오고, 겨울에는 장소를 이동할 때마다 희뿌옇게 변하고, 사시사철 안경에 묻은 지문을 닦느라 입고 있는 티셔츠 아랫부분은 죄다 늘어났다. 코를 찡긋하고 무안하면 안경을 올리는, 없던 버릇마저 생겼다.

사춘기로 진입하며 콧잔등에 남는 자국도 거슬렸다. 광대는 점점 옆으로 벌어졌다. 광대뼈를 주먹으로 힘껏 밀어 넣었다. 책상에 엎드려 잘 때도 왼쪽, 오른쪽 광대를 번갈아 누르고 잤다.

고등학생이 되며 렌즈로 갈아탔다. 안경 벗은 얼굴이 어색했다. 눈과 안경알 사이가 좁아져서일까, 평소에 보던 사물이 가깝게 보였다. 잠자는 시간을 제외하고 종일 끼고 있으니, 결막염과 각막염이 감기처럼 찾아왔다.

대학교 3학년 때, 라식수술을 했다. 마이너스 5.0이지만 나쁜 건 아니랬다. 각막이 두꺼워 깎아내도 한 번 더 할 수 있다 했다. 안경에서 렌즈로 갈아탈 때와 렌즈에서 라식수술로 갈아탈 때는 또 다른 신세계였다. 세척 할 일도, 잠들었다가 다시 일어날 필요도 없었다.

그 후 20년 가까이 맨눈으로 살았다. 0.8, 0.9의 시력에 익숙해졌다. 다시 나빠지지 않도록 유지했다.

글을 쓰기 시작하며 노트북과 보내는 날이 늘어났다. 전자기기로부터 받는 눈의 피로도는 상당했다. 비 오는 날과 늦은 밤, 운전대를 잡을 때마다 차선이 희미하게 보였다. 안경을 맞추러 가야 하나 고민하던 어느 날, 집 앞 안경원 외벽에 붙어 있는 대형액자를 보았다. 그 위에는 다음과 같이 적혀 있었다.

"지금, 이 글이 보이는 당신. 난시가 진행 중입니다."

액자 안에 '나도 혹시'라는 글자가 파란색과 초록색을 띠며 선명하게 보였다. 다들 나처럼 그 글이 보이는 줄 알았다. 첫째가 말했다. 아무 글자도 보이지 않는데 저 액자는 왜 붙어 있냐고. 안 보이냐니 뭐가 보이냐 한다. 안과에 갔다. 시력은 0.6으로 떨어졌고 노안도 진행 중이라 했다. 20년 만에 다시 안경을 썼다.

글을 쓰기 시작하며 글감을 찾았다. 일상을 바라보는 태도를 바꾸니 모든 게 글감이 되었다.

작년 이후로 다시 신체 일부가 된 안경을 보고 있으니 여러 단어가 말풍선처럼 떠올랐다. 연필은 생각의 가지를 연결하더니 유년 시절까지 다다랐다. 글을 쓰겠노라고, 글감을 찾겠노라고 기웃거린 덕분에 30년 전의 나를 만날 수 있었다.

안경을 소재로 한 편의 글을 쓴 것처럼, 나의 경험과 생각이 맞물리는 순간 글 내림은 손끝을 타고 내려온다. 대상이 사물이라면 연상되는 단어를, 사람이라면 추억을 떠올려보자. 신내림 같은 글 내림을 달라며 오지도 않을 신, 존재하지 않는 신을 기다릴 필요가 없다.

아드레날린? No! 마드레날린

이슬아의 『가녀장의 시대』에는 이런 문장이 나온다.

"이슬아가 쓰는 글이라기보다는 마감이 쓴 글이다."

"마감을 마친 작가에게는 아드레날린이 돈다. 출판계에서는 그 것을 마드레날린이라고 한다."

뭐든 미루는 습관이 있었다. 학창 시절부터 그랬다. 선생님이 중간, 기말고사 일정을 한 달 전부터 공지하는 데는 다 이유가 있었을 텐데. 손가락 안에 꼽힐 만큼 가깝지 않은 날짜라 그런지 조급하지 않았다. 집에서는 공부가 안 된다는 이유로 독서실로 갔다. 집에 있는 책상은 정리도 하지 않으면서 독서실 책상에는 어찌나 진심인지. 청소만 끝나면 잠 귀신이 찾아왔다. 펼친 교과서를 베개 삼아 자다 보면 밥 먹을 시간이다. 며칠 동안 매점에서 떡볶이와 라면을 먹으며 밤을 보내면 시험 날짜가 가까워진다. 차일피일 미루다 보니 일주일 디데이다. 그제야 급해진 마음은 계획 세우느라 정신 없다. 물 한 모금 마실 여유도 없을 만큼 빡빡하게 짜놓은 시간표는 다음날이면 수정 의례를 거친다. 중, 고등학교 시험은 3~4일에 걸쳐 진행되니 그나마 낫다며, 늦어도 따라갈 수 있다며, 어차피 수학은 포기라며 합리화한다. 밤새워 외운 암기과목은 시험지를 제출하는 순간 뇌에서 증발하는 마법을 부린다. 매번 그런 식이니 졸업 때까지도 벼락치기 인생을 벗어나지 못했다. 그때 습관이 안 좋은 기억으로 남은 걸까. 어른이 된 지금도 간혹 그 시절 시험 기간으로 돌아가 공부하는 꿈을 꾼다. 꿈속에서도 여전히 계획은 없다. 하지 않으면서 발만 동동 굴린다. 꿈이었음에도 깨어나 보면 심장이 빠른 속도로 뛴다.

대학생이 되어서도 달라지지 않았다. 팀별 과제를 제외하고는 날짜가 임박해서야 움직였다. 시작도 하지 않으면서 스트레스는 종류별로 받았다. 매번 내일이 있다며 미뤘고, 시험지를 받기 직전까지 교재를 보고 있다. 시험 날짜, 과제 제출 날짜가 임박해 오면 어떻게든 하게 된다며, 어차피 다 지나간다며, 닥치면 다 하게 된다는 마감의 힘을 믿은 걸까, 말도 안 되는 자신감이 넘쳤던 걸까. 그런 태도로 임하니 시험 칠 때마다 고친 답은 틀렸고, 제출한 과제에는 오타가 남발했으며, 동문서답으로 답한 대답도 흔했다. 아깝다고 무릎을 쳤지만, 당연한 결과다.

2021년, 공동저서를 위한 글쓰기 연습을 할 때도 고질병이 고개를 들었다. 매주 수요일 오전 10시. 온라인상에서 각자 쓴 글을 읽고 다른 사람의 글을 들으며 피드백을 주고받았다. 그러기 위해서는 늦어도 전날 자정까지는 제출하는 걸 원칙으로 정했다. 알면서도 하지 않았다. 하지도 않으면서 스트레스만 겹겹이 쌓아갔다. 평일이고 주말이고 육아로 시간이 없다는 변명을 남발했다. 날짜가 임박해오면 그제야 노트북을 열었다. 빈 화면에 레이저를 쏘며 한숨만 짓다가 덮었다. 아이디어가 없다는 뻔한 핑계를 대며 눕지만 얕은 잠에 허우적대느라 다음날이면 온몸이 쑤시고 어지러웠다. 화요일 오전부터 올라오는 글을 원망했다. 과반수의 글이 올라오는 순간, 더는 피할 수 없다는 걸 받아들였다. 밥을 먹어도 물을 마셔도 소화가 되지 않았다. 괜히 한다고 그랬다며 지우듯이 말했다. 화요일 저녁. 아이들이 잠들고 난 뒤 다시 노트북을 열었다. 마지못해 올라온 글을 열어보았다. 어떤 아이디어라도 떠오르기를 바랐다. 머릿속에 얼기설기 난잡스럽게 꼬인 단어를 적어보지만, 기준도, 일관성도 없었다. 끝으로 갈수록 빨리 없어지는 두루마리 휴지처럼 사라지는 시간만 탓했다. 겨우겨우 한 단어, 한 문장, 한 문단을 쓰며 A4용지 한 장을 채웠다. 마무리는 했지만, 내가 쓴 글을 굳이 읽고 싶진 않았다. 날짜를 넘기지 않은 것만 해도 어디냐며 이런 식으로 다음 주, 그다음 주를 맞이했다.

본격적으로 집필에 들어가서는 달라지고자 했다. 나의 나태함이 일정에 얼마만큼 차질을 주는지, 의욕을 꺾는지 한 달 동안 경험했기 때문이다. 태도를 바꾸고 정신을 똑바로 잡았다. 쓰든 안 쓰든 다가올 제출 날짜를 막을 수 있는 기술 따윈 없다. 여태 내가 해온 방식을 떠올리니 한숨 쉬어도, 푸념해도, 불만을 호소해도 마감 날을 넘기지 않고 내긴 했다. 이왕 할 거면 한숨도 줄이고, 푸념도 삼가고, 불만은 복화술처럼만 내뱉자 했다. 글이 써지지 않을 때도 많았지만 마감이 임박해오면 빈 노트와 연필을 들고 뭐라도 쓰려 애썼다. 다른 사람에게 조언을 구하기도 하고, 집안에 있는 책이란 책은 손에 잡히는 대로 훑으며 아이디어를 얻었다. 그 결과, 공동저서를 인쇄소에 넘기던 날 소화제 같은 마드레날린을 맞이할 수 있었다.

올해 봄. 비슷한 시기에 두 권의 공동저서에 참여했다. 여러 명이 참여하는 거라 내가 쓸 분량이 많지는 않지만, 여유롭진 못했다. 다른 일을 벌일 틈이 없다고 생각했는데 개인적으로 쓰고 싶은 주제와 내용이 팝업 문구처럼 떴다 사라지기를 반복했다. 순간의 감정이 옅어지면 쓰려는 글을 향한 설렘이 식을 것 같았다. 공동저서가 마무리되지 않았음에도 생각을 모아 끄적였다. 정해진 기간이 있어서일까. 쓰고 싶은 글이 머릿속에 가득해서일까. 마감일이 임박해 자리에 앉으면 의외로 술술 써지기도 했다. 이슬아 작가의 말처럼 내가 쓰는 게 아니라 마감이 쓰는 건가.

올해 가을, 김재진 시인의 『헤어지기 좋은 시간』의 신작 출간행사에 다녀왔다. 현장에서, 칼럼니스트로도 활동 중인 윤일현 시인을 만났다. 이번 시집의 발문을 의뢰받고, 한 달 반 동안 읽으면서 여러 생각을 많이 했다고 했다. 발문을 쓰겠다고 자리에 앉자마자 하루 만에 60페이지가 넘는 초고를 썼다는 말에 고개를 저었다. 어떻게 가능했냐는 청중의 질문에, 바쁜 일정에도 이 책을 놓지 않았으며 쓰지는 않지만, 머릿속으로 생각을 모았기 때문이라 했다. 많은 작가가 마감에 맞춰 글을 제출한다는 말에 그분들과 나를 동일선상에 올리면 안 된다는 걸 알면서도 고개를 끄덕였다.

이 책을 갈무리하기 전까지 몇 차례의 마감을 거쳐야 한다. 그때마다 맞이할 마드레날린은 어떤 모습일까. 그때의 나는 어떤 마음

일지, 어떤 과정을 겪을지, 어떤 깨달음을 얻을지 알 수 없지만, 기한만큼은 넘기지 않고 마들레날린을 맞이할 것이다.

저축한 문장은 든든한 거름이 된다

나에게는 금액을 매길 수 없을 만큼의 가치 있는 물건이 있다. 네가지 목적에 따라 적는, 두껍고 얇은 여러 권의 노트다. 마음에 들거나 기억하고 싶거나 활용하고 싶은 문장을 만나면 노트에 옮겨 적는다. 원래는 이렇게 하지 않았다. 활자 위주로 읽으니, 책을 덮는 순간 기억도 감정도 사라졌다. 읽긴 했는데, 말로 설명이 안 됐다. 요약도 안 됐다. 말 그대로, 읽기만 했다. 글을 쓰기 시작하며 나만의 독서 방법을 만든 것처럼, 기억하기 위해 문장을 모으기 시작했다.

첫 번째, 소설이나 에세이에서 발췌한 문장을 모아 놓은 노트다.

술술 읽히면서도 놀라운 표현력이 숨어 있는 소설을 읽을 때마다 '이렇게도 말할 수 있구나, 이렇게도 묘사할 수 있구나, 이렇게도 표현할 수 있구나.' 베껴 쓰며 해당 작가의 문체를 공부한다.

박완서 작가의 『그 많던 싱아는 어디로 갔을까』, 김종원 작가의 『하루 한마디 인문학 기적』, 길화경 작가의 『엄마의 문장』을 읽으면서 그들의 표현에 빠져들었다. 쓴 글을 여러 번 읽다 보니 외우게 된 문장도 있다. 50페이지에 가까운 노트는 어느덧 세 권이 되었다.

다른 사람의 글을 수집하는 데에 있어 이렇게 해도 되는 건가, 망설임이 없진 않았다.

『톰 소여의 모험』, 『왕자와 거지』의 저자인 마크트웨인과 『나는 나답게 살기로 했다』, 『평범이 곧 무기다』에서 손힘찬 작가가 언급한 문장을 읽으며 걱정을 거둬냈다.

"남의 것들을 그냥 버려두느니, 주워 와서 내 것으로 만드는 것이 훨씬 낫다."

"책에서 말하고자 하는 핵심 메시지가 아니더라도 당신 삶의 중심에서 빗대어 보아 울림이 있었던 문장을 당신의 것으로 만들면 된다. 자신에게 와닿은 구절이나 깨달음을 얻은 페이지를 함께 공유하는 것이다."

내 경험과 작가의 경험, 내 생각과 작가의 생각이 톱니바퀴처럼 맞물릴 때가 있다. 작가가 쓴 문장에 넣어 뭉툭하게 다듬은 뒤 나만의 글로 재탄생시키기도 한다. 이렇게 모은 문장은, 내가 쓴 글을 수정할 때 든든한 지원군이 된다.

두 번째, 필사하며 문장을 모은 노트다.

첫 번째와 비슷해 보일 수 있지만 수집 목적이 다르다. 인문 도서, 자기계발서, 고전을 읽을 때 옆에 둔다. 아직 내가 가지고 있는 지식의 깊이는 얕다. 하루아침에 하위권 성적이 상위권으로 올라갈 수 없는 것처럼, 나의 지식과 글쓰기 실력도 마찬가지다.

올해부터 1,000페이지가 넘는 인문 서적에 도전했다. 매일 20분씩 읽기를 목표로 하지만, 읽다 보면 여러 번 막히는 부분을 만난다. 문해력을 탓하는 대신 사전을 찾아 적는다. 다시 읽고, 쓰다 보면 고개가 끄덕여진다. 요즘은 로버트 그린 작가의 『인간 본성의 법칙』을 읽고 있다. 멈추는 구간을 만날 때마다 검색하여 적은 후 다시 읽고, 노트에 옮긴다.

자기계발서를 읽을 때는 내 삶에 적용하거나 참고할 부분 위주로 노트에 담는다. 책 속에서 만난 이들의 삶이 흥미롭다. 그들의 습관이나 철학이 담긴 문장을 모은다. 노트에도 적고, 포스트잇에도 적는다. 식탁 뒤, 냉장고 문, 주방 벽면에 붙이고, 다이어리에도 적는다. 책 속에서 발견하는 명언은 사진으로 찍어 휴대전화 배경 화면으로 설정하기도 하고, 가입된 단톡방에 올려 공유한다.

세 번째, 글쓰기 수업에서 배운 내용을 모은 노트다.

매주 목요일 저녁 9시, 이은대 작가는 온라인에서 즉석 라이브 퇴고인 '문장 수업' 강의를 진행한다. 오전 10시 전후로, 오늘 수업할 과제를 보내준다. 수업 참여 전에 공부하고 오라는 사전학습 취지에서 보내준 거지만, 1년 동안 예습 없이 본 수업에 참여했다. 수업이 시작되면 10분 간격으로 다섯 명 작가의 글이 순서대로 올라온다. 한 문장씩 읽으며 바로바로 퇴고를 진행한다. 이 수업을 듣던 첫날, 동공만큼이나 뇌가 흔들렸다. 화려한 소품과 기술이 있어야만 마술인가. 손끝으로도 할 수 있었다. 맨정신임에도 어질어질했다. 누워 있던 새싹들이 신의 손길을 따라 몸을 일으키는 듯, 모든 문장이 단정하고 담백하게 태어났다. 보기만 해도 빨려 들어갔다. 이렇게 바뀔 수 있다는 게 놀라웠다. 1년이나 지나서야, 구경만 하기 아깝다는 걸 깨달았다. 노트를 샀다. 오전에 올라오는 다섯 가지 학습자료를 각 페이지 상단에 검은색 펜으로 적는다. 어떤 식으로 수정하면 좋을지 머릿속으로 고쳐본다. 본 수업이 시작되면 모니터를 뚫어버릴 듯한 기세로 마주한다. 실시간으로 수정하는 문장을 하단에 적고, 설명하는 팁은 빨간색으로 적는다. 화면에 보이는 타자속도와 설명을 손이 따라가지 못할 때도 있다. 마치고 나서 강의 후기를 작성하면, 수업 시간에 배운 자료를 그대로 전해주니 적으면서 다시 복습한다. 한 겹, 한 겹 쌓는 파이처럼, 문장 수업 때 담은 노트는 내 글을 퇴고할 때마다 모난 표현을 다듬고 깎아낸다.

네 번째, 최근에 시작한 아이와 함께 쓰는 노트다.

우리 아들은 둘 다 쓰는 걸 좋아하지 않는다. 누가 봐도 억지로 쓴 글씨다. 자기가 쓰고도 못 알아보기도 한다. 반듯하게 또박또박 써보라고 하면, 첫 문장만 그렇게 쓸 뿐 뒤로 갈수록 줄도 비뚤고, 자세도 비뚤어진다. 자꾸 말하면 잔소리가 될까 봐, '아이와 함께하는 365일 필사 모임'이란 곳에 가입했다. 리더는 매일 오전에 한 가지 명언을 올려준다. 오늘의 명언은 영국 가수이자 배우인 해리 스타일스(Harry Styles)의 '세상에 아름다운 사람을 선택하기보다는, 세상을 아름답게 만드는 사람을 선택하라.'이다. 하루를 마무리할 즈음, 아이들과 식탁에 앉는다. 노란색 A5 크기의 노트를 펼쳐 나는 영어문장을, 아이는 한글 문장을 옮겨적고 어떤 말을 뜻하는지 대화를 나눈다. 어떨 때는 첫째가 영어문장을 적고, 둘째가 한글 문장을 적기도 한다. 아이와 함께 적은 노트는 우리 가족의 또 다른 보물이 되고 있다.

글을 쓰기 시작하며 책 읽는 방식이 달라졌다. 다독과 속독이 아닌 정독을 하게 되며, 문장을 먹고 저축하는 사람이 되어갔다. 그림책 한 권을 읽어도 빈 노트와 연필이 따라온다. '이런 날씨를 이렇게도 표현할 수 있구나. 이런 마음을 이렇게도 표현할 수 있구나. 이런 상황을 이렇게도 표현할 수 있구나.' 머리와 말로 감탄사를 내뱉으며 옮겨 적는다.

뒤늦게 문학소녀가 된 것처럼 읽고, 쓰고, 나만의 글로 재탄생시키며 문장에 집중한다. 나만 알고, 나에게만 중요하고, 나만을 위한 신줏단지다. 앞으로 얼마나 더 많은 노트를 채워갈까. 책장 한 구석에 문장으로 가득한 노트가 자리 잡은 모습을 상상하며, 오늘도 책, 노트, 연필을 꺼낸다.

혼자는 버겁지만, 함께는 쉽다

결혼 전만 해도 어릴 적 친구, 대학 동기, 직장 동료와 백 년 우정을 유지할 줄 알았다. 육아에 전념하느라 만남이 줄어든 만큼 거리가 멀어졌다. 낮에 만날 수 있는 사람이라 해봐야 또래 아이를 키우는 친구가 전부지만, 약속 날짜만 다가오면 아이가 아프거나 다른 일이 생겼다. 아이가 자랄수록 그들의 자리는 조리원 동기, 이웃사촌, 학모들로 채워나갔다.

조리원 동기 전우애는 군대 동기 못지않다. 대화 중심에 내가 없어도 괜찮다. 아이가 발달과정에 맞게 자랄 수 있도록 정보를 교환

하고, 지쳐 있는 서로의 한숨을 이해해준다. 이웃사촌과는 눈에 보이는 돌담만 있을 뿐이지 한 지붕 다가족이다. 음식은 기본이고 육아 및 아이 픽업도 품앗이한다. 학모로 만난 이들과는 교육정보를 주고받는다. 엄마표 놀이와 공부를 통해 돈과 에너지도 절약한다. 이들 중 엄마라는 역할을 떠나, 자기 계발에 전념하는 몇몇과는 동반 성장하는 중이다.

첫 번째, 수영 짝꿍이다. 오전 운동을 시작하고자 했지만, 등록까지는 망설여졌다. 물 공포증은 하나의 핑계에 불과했다. 20년 만에 수영복 사러 가는 발걸음도 쉽사리 떨어지지 않았고, 입는다는 생각만으로도 부담스러웠다. 사우나 가듯이 들어가서 옷만 갈아입으면 되는데 말처럼 쉽지 않았다. 오전에 일어나는 것도 한몫했다. 이른 기상이 자리 잡은 듯하지만 불안했다. 거머리 작전을 펼쳐, 운동센터 근처에 사는 학모로 만난 동갑내기 친구를 꼬드겼다. 이른 기상도 하고, 건강도 챙기자니 흔쾌히 수락했다. 운동센터 주차장에 도착해 그녀의 차가 보이면, 마음이 편해졌다. 가쁜 숨에 허덕이면 쉬어가라며 기다려주고, 조금만 더 가면 되겠다 싶으면 앞에서 끌어준다. 운동 중에도 틈만 있으면 수다 상대가 되어주는 그녀가 있어 유쾌하게 아침을 시작한다. 현재는 독서 모임, 루틴 만들기, 부모 공부도 함께 하며 배움의 교집합을 추가하고 있다.

두 번째, 공부 모임에서 만난 한 명의 동갑내기와 두 명의 동생이다. 자칭 '이조합 꿀조합'이라 부르는 우리는 작가이자, 하브루타 강사로 활동하며 각자 다른 일도 한다. 모두 비슷한 또래의 아이를 키우고, 애주가 페르소나도 가지고 있다.

온라인상에서는 자기 계발이나 루틴 인증 위주로 소통하지만, 오프라인에서는 사적인 대화가 오간다. 사사로운 관심과 고민을 털어놓으며 웃기도, 울기도 한다. 농담 반 진담 반으로 우리 이야기를 담은 글을 써보자고 했었다. 우스개 삼아 제목과 목차도 적어보고 어떤 내용을 쓰면 좋을지 아이디어도 구상했다. 2년이 넘도록 허공에 뿌리기만 하던 계획을, 종이에 옮기기 시작했다. 함께라 그런지 진행 속도가 달랐다. 지난날을 적으며 추억에 취하고, 서로의 글에 취하기도 했다. 각자 바쁜 일정에 마감을 맞추려니 빡빡하기도 하지만 '이상 무'로 순항 중이다. 이렇듯 같은 목적과 공감대를 가지고 만난 우리는 놀 땐 놀고, 공부할 땐 공부하는 사이로 발전 중이다.

세 번째, 온라인에서 만난 사람들이다. 독서, 필사, 걷기, 발표 불안 극복 등 명확한 목적을 가지고 만났다. 엄마가 아닌 자기 계발을 위해 만난만큼, 나이를 포함한 개인적인 사항은 잘 알지 못한다.

독서 모임에서는 이달의 선정 도서를 읽고 생각을 공유한다. 한 달에 한 번 정도는 온라인에 모여 두 시간 정도 의견을 나누고, 한 편의 글을 발행하고 마무리한다.

필사를 목적으로 만난 모임에서는 같거나 다른 책으로 읽고 쓴다. 첫 목표는 『태백산맥』열 권을 각자 속도로 읽고 쓰기였다. 한두 명씩 마무리했지만 떠나지 않고, 다른 책으로 함께하는 중이다. 나는 김승호 회장의 『돈의 속성』을, 다른 사람은 김승옥 작가의 『무진기행』, 칼 세이건의 『코스모스』, 알랭드 보통의 『불안』, 헤르만 헤세의 『데미안』으로 이어가고 있다.

걷기에서 만난 이들은 각자 방식으로 걷고 달리며 인증한다. 걸으며 만난 자연을 찍어 올리기도 하고, 문득 든 생각이나 감정도 공유한다. 올라오는 사진과 글을 읽으며 난잡해진 마음을 다잡기도 하고, 늦게나마 운동화를 신고 나서기도 한다.

발표 불안 극복 모임에서 만난 이들은 매일 미소 사진을 찍고, 긍정 확언 메시지를 녹음하고, 오늘 하루를 칭찬하고 감사한다. 인증 사진과 글에 짧거나 긴 댓글로 공감을 표현하고, 응원이 담긴 메시지를 보낸다.

물론 혼자서도 할 수 있다. 한결같이 강한 의지와 집념이 있다면, 어떤 풍파에도 휘둘리지 않을 자신이 있다면. 그렇지만 나는 안다. 아직은 그만큼 단단하지 않다.

오전 수영을 한다고는 했으나 비가 와서, 피곤해서, 귀찮다며 이불 안에서 발만 꼼지락하는 날도 있다. 그녀의 출발 메시지가 이불 무게를 이긴다. 타의 반으로 센터에 들어서긴 했지만, 집으로 오는 길에는 언제 고민했냐는 듯 산뜻한 기분이 젖은 머리카락을 스친다.

공부로 만난 이들과는 삶의 궁극적인 방향과 목표가 비슷하다. 그래서일까, 공과 사를 확실히 구분한다. 일할 땐 일하고 놀 땐 놀며 해야 할 일에 프로급으로 치고 빠진다. 서로에게 쓴소리도 마다하지 않고, 객관적인 피드백도 전달하며 서로의 성장을 응원한다.

온라인에서 만난 이들과는 메시지로 응원을 주고받으며 에너지를 얻는다. 가끔은 인증 지옥에 갇힌 듯하기 싫은 날도 있지만 격려의 댓글에 힘을 얻는다.

혼자라 망설이는 이가 있다면, 나처럼 동반자를 찾아 나서면 좋겠다. 열정의 흐름에 파도 타다 보면, 혼자는 버겁던 일도 순조롭게 순항하는 경험을 만나게 되니까.

• 글쓰기 코치 페르소나 •

2016년부터 7년간 576명의 작가를 배출한, 이은대 대표가 운영하는 '자이언트 북 컨설팅'에서 글쓰기 코치과정을 수료했습니다. 글쓰기 강사로도 활동 중이며, 리더로 활동 중인 독서 모임에서는 두 달에 한 번씩 에세이 뉴스레터도 발행합니다. 자신의 이야기를 담은 글을 써 보고 싶은 이들과 읽고 쓰며 동반 성장하려 합니다.

'노력'이라는 희망

이런 친구들 꼭 있다. 공부 잘할 거란 착각을 불러일으키는 아이. 제법 공부할 것처럼 보이지만 그렇지 않은 아이. 상위권 아이들 못지않게 공부하는데 성적은 그에 못 미치는 아이. 셋 다 내 얘기다.

중학교 입학식 날 담임선생님이 불렀다.

"혹시 너 이름이 정민이니?"

아니라 하니 미안하다며 돌아섰다. 곧이어 알게 되었다. 그 아이는 중학교 입시 시험인 연합고사에서 우수한 성적을 받았다는 걸. 그래서 예비 반장으로 지목하려 했다는 걸.

성적이 좋은 편은 아니었으나 공부만큼은 열심히 하는 학생이었다. 선생님 말씀은 놓치지 않고 필기했다. 시험 기간에는 새벽에 일어나기도 했다. 노력을 쥐어짜도 성적은 중간을 벗어나지 못했다. 수학, 과학만 해도 버거운데 국어, 사회도 어려워졌다. 포기하고 싶은데 이제 겨우 중학교 2학년이다. 중간을 벗어나지 못한 채 고등학생이 되었다.

고등학교 수학은 넘을 수가 없었다. 차원이 달랐다. '수학의 정석'은 벽돌 그 자체였다. 문과로 진학했다. 수학, 과학의 짐을 덜어 다행이다 싶었는데 역사와 세계사가 발목을 잡았다. 제2외국어도 추가됐다. 담임선생님이 불어 전공이라 못하면 등짝이 따갑다. 잠만 자는데도 성적이 잘 나오는 애들을 보며 내 머리를 탓했다. 엄마한테 총명탕이라는 보약을 지어달라니 약은 그렇게 먹는 게 아니라 했다.

독서실에 갔더니 집중력 향상에 도움이 된다는 엠씨스퀘어가 눈에 띄었다. 사달라고 졸랐더니 비싸다며 언니만 사줬다. 쓰지 않을 때 비굴한 자세로 빌렸다. 귀에 이어폰을 꽂고 프로그램을 설정했다. 기계에서 나오는 소리가 거슬리지만, 집중에 도움된다니 참았다. 역시나 성적에 변화가 없었다. '뚜뚜' 소리는 반복 재생되는 통화 중 신호음에 불과했다. 해도 안 되고 안 해도 안 될 거면 안 하는 게 낫다며, 2학년 2학기에 접어들어 공부를 놓았다. 엎드려 자도 아무도 깨우지 않았다. 놀면서도 찝찝한 마음은 시험 기간에 벼락 치기로 대신했다.

　수험생이 되었다. 3학년은 진도보다는 수능 준비에 매진해야 했다. 오전 자습 시간이 있음에도 불구하고 수업을 자습으로 대체하는 선생님도 있었다. 선행을 끝낸 친구와 달리 학기 진도도 따라가야 했다. 국어에는 어려운 어휘가 많고 영어에는 모르는 단어가 많았다. 외워도 금세 까먹고 정리도 되지 않았다. 성적은 여전히 중간이지만 포기하지 않았다. 손을 놓았던 때까지 만회한다며 몰두했다. 공식적인 야간자율학습은 저녁 아홉 시면 끝나지만, 자진해서 자정까지 남아 있기도 했다. 공부하는 양과 투자하는 시간에 비하면 성적은 제자리걸음을 벗어나지 못했다.

　대학생이 되었다. 암기과목과 지긋지긋한 숫자를 상대할 일이 없어지니 학업 스트레스가 줄었다. 리포트는 족보를 보거나 인터넷에서 보고 짜깁기했다. 시험 기간에만 벼락치기 했다. 취업을 앞둔 4학년, 마음을 잡고 다시 공부했다. 취업을 코앞에 두니 준비해야 할 것이 많았다. 1, 2학년 때 엉망으로 받은 학점은 과감히 버렸다. 전공필수나 선택 과목은 재수강했다. 이전보다 나은 학점을 받아 전체 평균 학점 세탁에 성공하며 취업을 위한 토익, 토익 스피킹, 면접 준비에 들어갔다.

직장생활을 하는 동안에는 일에만 열중했다. 업무 관련해서는 어려움이 없었지만, 서비스직이란 특성상 사람을 대하는 일이 어려웠다. 회사에서 텍스트가 아닌, 고객 응대 방식을 공부했다. 입사 2년 차부터 주기적으로 찾아오던 슬럼프는 결혼을 앞두고 정점을 찍었다. 결혼 후에도 이 일을 할 수 있을지 알 수 없는 불안함은 버킷리스트에만 갇혀있던 대학원 진학 카드를 꺼내며 달랬다.

6년 만에 다시 학생의 신분이 된다는 것만으로 설렜다. 학과 수업은 몇 가지 과목을 제외하고는 원서로 진행되었다. 대학생 때도 하지 않은 예습을 해야 했다. 모르는 어휘를 찾아 적고 간단하게 번역해서 적었다. 통계 수업에는 더 많은 예습이 필요했다. 수학도 싫고 숫자도 싫은데 숫자로만 가득한 통계프로그램을 돌리라니 무슨 소린지 모르겠다. 논문 쓸 때도 걱정됐다. 방학 두 달 동안 온라인강좌로 통계학 수업을 들으며 예습해둔 덕분에 마지막 학기에는 좋은 점수를 받을 수 있었다.

출산 후, 육아를 핑계로 책을 놓고 살았다. 몇 년 동안 독서라고는 육아서와 영어회화책만 읽었다. 첫째 아이 초등입학을 앞두고 하브루타 공부를 했다. 흥미롭지만 생소했다. 그들의 문화, 양육방식, 가정교육 등은 내가 살아온 방식과 전혀 달랐다. 교육으로 접목하니 토론, 토의, 논쟁, 그림책 읽기, 청소년 책 읽기, 한 권의 책을 천천히 읽기 등 배울 건 또 왜 이리 많은가. 주입식 교육을 받고 자란 세대인데 자꾸만 질문하라 했다. 갈 수만 있다면 이스라엘 교육 현장에라도 가고 싶었다. 생소하고 낯선 것투성이지만 배우고 과제를 제출하며 묵묵히 따라갔다.

현재 배움을 이어가고 있는 것들도 마찬가지다. 원래부터 글을 써온 것도 아니고, 타고난 운동신경이 있는 것도 아니고, 암기에 뛰어난 것도 아니다. 할 수 있는 유일한 거라고는 노력뿐이다.

지금 내가 이룬 결과만 보고 '대단하다.'라고 말하는 이도 있지만, 그들은 모른다. 내가 얼마만큼 애썼는지, 얼마나 많은 공을 들였는지, 얼마나 많은 흰머리가 생겼는지를. 시기를 잘 만나서, 운이 좋아서, 원래 잘하는 거라고 오해할 수도 있지만 절대 그렇지 않다.

아무리 뛰어난 머리, 재능, 환경을 가졌어도 노력이 수반되지 않으면 결과물을 만들 수 없다. 그런 능력이 없음을 쉽사리 인정했기에 노력에 의존하며 달려올 수 있었다. 지금껏 해 온 것처럼, 앞으로도 그렇게 '노력'에 매진할 것이다. 그것만이 내가 기댈 수 있는 유일한 빛이다.

관점을 바꿔 깨달은 세 가지 삶의 메시지

나이가 들면 피부색은 거무튀튀해지고, 손등에도 잔주름이 생기고, 피부 탄력도 없어진다며 나쁜 점에만 집중했다. 좋은 점도 있을 텐데 찾으려 하지 않았다. 하고 싶은 일을 하며, 생각의 색상이 변했다. 살아가는 목표가 뚜렷해지자 한 해를 준비하는 자세가 달라졌고 인생을 바라보는 관점도 거시적으로 바뀌었다. 마흔을 넘어서며 깨닫게 된 긍정적인 세 가지 삶의 메시지가 있다.

첫째, 타인을 향한 관심의 안테나를 조절할 수 있다.
초등학교 5학년 때 담임선생님은 쉬는 시간이나 체육 시간마다

〈한국을 빛낸 백 명의 위인들〉 노래에 맞춰 율동을 가르쳤다. 왜 해야 하는지 알지 못한 채 따라 했다. 한 달이 지났을까. 학급에서 율동을 잘하는 남학생과 여학생을 한 명씩 뽑았다. 그제야 알았다. 선생님은 2교시 수업 후, 운동장에 모여 진행하는 중간 체조 안무 담당이었음을. 대표로 뽑힌 두 학생은 체조 시간이 되면 단상에 올라갔다. 4학년부터 6학년까지 운동장에 모였다. 모래 먼지를 일으키며 어깨너비로 간격을 벌리고 좌우 앞뒤 일렬로 줄지어, 단상에 서 있는 학생을 보며 동작을 따라 했다.

얼마 지나지 않아, 담당한 여학생이 몸이 약하다며 그만두었다. 그 자리를 내가 대신하게 되었다. 언제부턴가 학교에 나를 모르는 이가 없었다. 좋은 소리보다 안 좋은 소리가 들린다는 걸 눈치 챘다. 적당히 무시했지만 의식하지 않을 수 없었다. 6학년이 되었다. 해가 바뀌었음에도 단상에 섰다.

어느 날인가, 이상한 기운을 감지했다. 같이 율동하는 남학생과 사귄다는 소문이 돌더니 일면식도 없는 학생이랑 친하다는 소문이 떠돌았다. 걷잡을 수 없이 퍼지는 말은 멈추지 않았다. 열세 살 여자아이가 견디기엔 벅찼다. 선생님을 찾아가 속마음을 털어놓았다. 그렇게 여학생 자리는 내가 졸업 때까지 비어 있었다.

그때부터다. 사람들이 주는 관심이 싫었다. 그냥 보는 시선도 불편했다. 있는 듯 없는 듯한 존재로 살고 싶었다. 그런 식으로 중학생, 고등학생, 대학생 시절을 보냈고 사회생활을 했다. 아이를 키우게 되며 다른 것에 쏟을 여유가 없어졌다. 그래서일까. 매의 눈으로 쳐다보거나, 촉을 곤두세우거나, 내 안에 날카로운 감정으로부터 자유로워졌다. 타인을 향한 안테나를 조절할 수 있게 된 지금이 좋다.

둘째, 이 또한 지나간다는 걸 아는 마음 근육이 생긴다. 고등학생 시절, 친구를 사귀는 한 가지 명확한 기준이 있었다. 대다수 학생의 관심사는 아이돌 그룹에 쏠려 있었다. H.O.T 팬이나 젝스키스 팬이냐에 따라 친하게 지내던 친구와도 갈라졌다. GOD 팬이면 그나마 중립이다. 3년 내내 어느 그룹, 누구의 팬이냐에 따라 친구가되고, 틀어지고, 화해하기를 반복하며 평생 그렇게 살 것처럼 들썩였다. 대학 입학과 동시에 뜨겁다 못해 따갑던 열정은 식어갔다. 새내기 생활을 즐기고, 취업이라는 관문에 들어서며 머리와 가슴을 채우던 애정이 하루아침에 추억이 되었다.

몇 년 전, 개그맨 이경규가 했던 말이다.

"지리산에 기어 올라갔었어요. 20킬로그램의 배낭을 메고 열여덟 시간을 올라갔어요. 저는 그 짐을 버리고 싶었습니다. 그러나 산꼭대기에 올라서 그 짐을 열어보니 먹을 것들이 들어 있었습니다. 여기서 여러분, 굉장히 중요한 교훈이 있어요. 함부로 인생에

무거운 짐을 내려놓아서는 안 된다는 놀라운 사실입니다. (중략) 여러분 어깨에 큰 짐들이 많을 거예요. 먼 훗날, 짐을 내려놓았을 때 여러분은 큰 행복을 느낄 수 있을 겁니다. 힘이 들고, 화가 나고, 못 참을 때 이런 생각을 해보세요. 이 또한 지나가리라. 10세, 15세 때 굉장한 고민이 있었을 겁니다. 그렇지만 5년이 지난 다음 돌이켜보면 추억으로 자리하고 있다는 겁니다."

이 영상을 몇 번이나 돌려봤는지 모른다. 여기저기 공유하면서, 나와 같은 생각을 하는 사람이 한 명이라도 있길 바랐다. 청천벽력 같은 일이 생긴다 해도 언젠가는 지나갈 거고, 해결될 거고, 추억이 될 테다. 단단한 마음 근육으로 버티고 견디며 흔들리지 않을 수 있는 지금이 좋다.

셋째, 신체적으로 나를 단련할 수 있다. 아직 해야 할 일도 많고 하고 싶은 일도 많다. 그것을 이루기 위한 기초공사는 필요조건이다. 체력이 받쳐줘야 한다. 그렇지 않으면 계획을 실행에 옮길 기회마저 놓칠 수 있다. 매일 아침저녁으로 몸을 움직인다. 걷기, 수영, 스트레칭을 넘어 달리기, 등산, 요가 등 운동이라면 치를 떨었던 내가 맞나 싶다. 여전히 몸치, 유연성 제로, 근력 부족이지만 결혼 전보단 나아졌다. 매일 운동하니, 하루라도 건너뛰면 몸이 반응한다. 어깨가 결리고, 허리가 아프고, 전신이 목석처럼 굳어진다.

하루만 쉬어도, 손가락이 발끝에 부드럽게 닿지 않는다. 나의 미래를 위해서라도 운동을 생활화하는 지금이 좋다.

시간이 흐름에 따라 나이 드는 건 어쩔 수 없지만, 내면의 단단함과 속도만큼은 조절할 수 있다.

내가 남에게 어떻게 보이느냐가 아니라 내가 나를 어떻게 대할 건지, 언제 어디서 올지 모르는 태풍을 두려워하는 게 아니라 어떻게 떠나보낼 건지, 하고 싶은 일을 하려면 무엇을 준비해야 하는지 고민한다.

타인에게 줄 관심을 나에게 쏟고, 어깨에 있는 짐은 마음 근육으로 여기고, 여태 돌보지 않은 내 몸을 보살피고 있다. 몸은 늙어가지만, 생각만큼은 익어가는 지금이 좋다. 앞으로도 인생을 긍정적인 관점으로 바라보며 내면을 단단하고 건강하게 만들 것이다.

운동의 임계점을 넘어라

임계점이란 물질 구조와 성질이 다른 상태로 바뀔 때의 온도와 압력을 말한다. 우리가 잘 알고 있는 물은 섭씨 99도까지는 액체 상태지만 100도가 되는 순간 끓는점을 만나 수증기로 변한다. 1도만 더해졌을 뿐인데 구조와 성질이 바뀌게 된다.

학창 시절의 나는, 공부를 열심히 하는 게 아님에도 목과 등이 구부정했다. 무용 시간에 스트레칭을 할 때마다 선생님은 허리를 더늘려야 된다며 누르고 당겼다. 바닥을 향해 허리를 굽히면 손가락 끝이 발에 닿는 옆 학생과 달리, 반동을 줘도 발목에 닿을까 말까

했다. 윗몸일으키기는 더 심했다. 상체를 일으키려 하면, 턱 끝만 겨우 들 정도였다. 얼굴 시뻘개지며 용써도, 한 개도 하지 못한 채 목에 담만 왔다. 100미터 달리기는 평균 23초가 걸렸다. 멀리뛰기, 턱걸이, 오래달리기 모두 마찬가지였다. 1년에 한 번씩 평가받아야 하는 체력장 시험은 주사 맞는 것만큼이나 싫었다. 뭘 해도 꼴찌를 면하지 못하니, 운동을 향해 담을 쌓아갔다.

열차 승무원으로 근무하는 햇수가 늘어날수록 여기저기 아픈 곳이 생겼다. 쉬는 날이면 정형외과나 한의원에 가서 사진 찍고, 침 맞고, 부항 뜨는 날이 잦아졌다. 허리부터 시작된 통증은 다리, 무릎, 발바닥까지 내려왔다. 무릎 통증으로 자다 깨는 건 기본이고, 새끼발가락에 생긴 티눈이 아려 평소에는 구두도 신을 수 없었다. 물리치료와 운동을 병행하면 회복에 도움이 된다는 의사 선생님 소견에 따라, 집 앞에 있는 요가원에 갔다. 어른 회원이 많다 해서 가벼운 마음으로 등록했는데 누가 강사이고 누가 회원인지 헷갈릴 정도로 수준이 높았다. 뒷줄에 앉아 조용히 따라 했는데도 수업만 끝나면 차 한잔하라고 붙잡았다. 매번 거절하기가 불편해, 한 달만 다니고 그만두었다.

결혼 후, 신혼집 앞에 있는 요가원에 등록했다. 이번에는 내 또래 강사를 만났다. 배에서 나오는 목소리에서부터 수련의 내공과 깊이가 짐작됐다. 동작 완성도도 높았다. 회원 수준은 말할 것도 없었다. 암묵적인 약속처럼, 잘하는 순서대로 앉는 자리가 정해져 있었다. 일찍 가도, 늦게 가도 맨 뒤 줄에 앉았다. 비슷한 또래를 보며 자극을 받은 걸까. 뛰어난 사람들을 보며 욕심이 난 걸까. 난이도를 올려 시도했다. 아무튼 정직한 몸은 노력한 만큼은 변해주었다. 못한다고 단언하던 자세에 연이어 성공하며 유연성도 후천적으로 키울 수 있다는 걸 깨달았다.

작년 말부터 시작한 수영은 어느덧 1년이 다 되어간다. 수영 수업 첫날, 같은 레인에 있는 회원들이 평영과 접영까지 하는 모습을 보며 번짓수를 잘 못 찾은 줄 알았다. 선생님 못지않게 실력이 뛰어난 회원이 많아 초, 중급자들은 같은 레인에서 수업을 받는 거라고 했다.

편도 25미터를 가는 동안 두세 번은 가다 섰다. 쉬지 않고 끝까지 가보는 것, 그게 목표였다. 턱까지 차오르는 숨을 토하러 몸을 일으킬 때마다 민망했다. 한 번이라도 숨 쉬는 타이밍을 놓치면 호흡이 빨라졌다. 짧은 호흡은 팔다리 협업을 방해했다. 목과 어깨에 힘을 빼라고 하는데 몸이 말을 듣질 않았다. 적당한 속도로 유유히 물살을 가로지르는 사람들을 보며 언제쯤이면 가능하려나 가쁜 숨을 내뱉으며 쳐다볼 뿐이었다.

매번 줄 뒤에 섰다. 천천히 가더라도 정확도를 높이고 싶었다. 배에만 살짝 힘주고 팔을 한 번, 두 번 돌리며 횟수를 세었다. 속도를 늦추니 호흡이 잡히기 시작했다. 편도 서른 번 넘던 팔 돌리기 횟수가 조금씩 줄어들었다. 한 달의 끝에 다다르자 쉬지 않고 도착할 수 있었다. 다음 목표는 배영하면서 물을 덜 마시기였다. 예상보다 잘했다 싶을 즈음, 또 다음 목표가 생겼다. 20년 전에도 되지 않던 평영을 만났다. 몸치, 박치도 문제지만 심리적 압박을 이겨야 했다. 평영을 할 때면 중간에 있다가도 맨 뒤로 이동한다. 손과 발의 협업은 물론이거니와 몸에 들어간 힘을 빼는 게 쉽지 않다. 도전을 넘어 나와의 싸움이다. 다른 사람들과 앞, 뒤로 일정한 간격을 유지하며 여유만만하게 물살을 가로지르는 날이 오기를. 네 가지 영법 모두 수월하게 할 수 있는 날이 왔으면 좋겠다.

올해 상반기에 온라인상에서 운영하는 걷고 뛰는 모임에 참여했다. 한 달에 한 번 있는 정규모임이 있는 날이었다. 토요일 오전 6시. 같은 시각 다른 장소에서 열 명이 넘는 인원이 현관을 나섰다. 단톡방에 운동화를 신고 있는 사진을 찍어 올리고 준비에 들어갔다. 걷기보다 달리기를 택한 회원이 더 많았다. 고민 끝에 빠른 속도의 음악을 틀고 에어팟을 꽂았다. 발이 비트에 맞춰 움직였다. 2분 지났을까. 이어지는 오르막에 숨이 찼다. 아이가 다니는 수학학원이 보였다. 거기서부턴 걸으면 되겠다 싶었는데 내리막을 만났다. 숨을 고르며 모퉁이에 있는 고등학교 정문에서 멈추자고 했다. 그 앞을 지나는 지점부터 다시 오르막이다. 조금 더 가볼까, 500미터 앞에 보이는 아파트 관리실로 목표지점을 변경했다. 주저앉고 싶었다. 더디게 달려가다 다시 내리막을 만났다. 내가 뛰는 건지, 발이 뛰는 건지 모르겠다. 힘이 풀린 다리가 몸을 끌고 갔다. 더운 바람에 송골송골 맺힌 땀이 증발했다. 언제 노래가 끝났는지도 모르겠다. 그대로 내리 달렸다. 집 입구에 도착했다. 도보로 30분 이상 소요됐을 거리를, 9분 53초 만에 다녀왔다.

마흔을 '훅' 불면 넘어진다고 '불혹'이라 부른다는 소리에 쓰게 웃었다.

태생적으로 공부 머리만큼이나 운동신경도 없다. 평생 담쌓고 싶었지만 나이 듦을 이길 수 없다. 하고 싶은 것도, 다니고 싶은 곳도, 먹고 싶은 것도 많다. 건강하지 못하면 무슨 소용일까. 하루라도 건너뛰면 움직임이 느려지고, 여기저기 쑤시고, 머리도 둔해진다. 뭘 해도 의욕 없고 귀찮다.

물이 수증기로 변하기까지 마지막 섭씨 1도가 필요하듯, 운동을 위한 나만의 1도를 높여본다. 깔딱고개를 넘는 매 순간은 다음 임계점을 향한 초석이 된다. 크게 보면, 인생 또한 마찬가지다. 운동

에도 작고 큰 목표를 세우며, 일곱 가지 페르소나를 건강하게 펼칠

수 있는 기반을 다져본다.

목표도 단기, 중기, 장기 마라톤으로 나누자

책을 읽다 보면 인생을 마라톤에 비유하는 글을 적잖이 보게 된다. 평지, 오르막, 내리막으로 나눠 비교하는 글을 읽을 때면 나는 어디쯤인지, 내 삶은 어떤 구간으로 나눌 수 있는지 적어본다. 삶을 굴곡별로 나눌 수도 있지만 기간별로도 나눌 수 있다. 현재와 미래 항목을 연필로 끄적여 보니 소요 기간이 천차만별이다. 성장과 관련된 항목만 추려내어 단기, 중기, 장기 마라톤으로 분류했다. 도착 지점까지 얼마나 걷고 달려야 하는지 적고, 생각을 덧붙였다.

1년을 기준으로 하는 단기 마라톤에는 하고 있고, 하고 싶은 것이 포함된다. 현재 배우고 있는 수영은 12월이 되면 만 1년이 된다. 새로운 목표가 추가된다면 지속할지 모르나, 다른 종목을 향한 호기심도 있다. 척추 정렬에 도움이 되고 좌우 균형도 맞춰준다는 자이로토닉, 바른 자세와 유연성 향상에 도움을 준다는 발레, 몇 년 전에 배운 인사이드 플로우 요가까지. 세 가지 선택지를 놓고 시작도 전에 갈등 중이다. 어떤 운동이든 최소 1년은 해야 한다는 지론을 가진 터라, 일단 수영으로 1년은 채우고 갈아타려 한다.

다른 항목도 있다. 초등학생 때 배운 서예를 다시 하고 싶다. 무릎을 꿇고 한 손으로 붓을 잡고, 다른 한 손으로 팔을 받치던 모습이 떠올랐다. 한 획, 한 획 신중하게 긋던 그때가 그리울 때가 있다. 필사를 시작하며 단정하고 정갈한 필체도 갖고 싶어졌다. 마음과 머리를 비우고 싶은 날, 몰입하고 싶은 날, 차분하고 싶은 날 문방사우를 벗 삼고 싶다. 단아하고, 느긋하고, 고상하고도 싶다. 머지않아 배울 수 있길 바라며 단기 마라톤 항목에 살포시 담았다.

10년을 기준으로 하는 중기 마라톤은 한 가지다. 달려온 만큼 달려야 하는 양육이다. 두 아들을 키우는 일상에는 크고 작은 이벤트가 찾아온다. 교우관계, 학교생활, 학업만이 전부가 아니다. 10대 반열에 들어선 첫째를 보며 다른 고민이 생겼다.

4학년이 된 아이에게서 낯선 모습이 보인다. 일어나자마자 두 손으로 앞머리를 꾹꾹 눌러댄다. 자는 동안 뒤집힌 머리가 신경 쓰이나 보다. 자꾸 눌러도 떠 있는 머리카락에 물을 발라 쓸어내린다. 밥 먹는 와중에도 한 손은 숟가락, 한 손은 머리카락에 가 있다. 마음에 드는 머리로 변신하지 않으면 고데기로 말아달라 한다. 바쁜 아침에 뭐 하는 거냐며 한 소리 하고 싶지만, 입술을 다문 채 손질한다. 학기 초까지만 해도 아무 옷이나 입던 아이가 위아래 색상이 안 어울린다, 축구 할 때 불편하다, 그냥 입기 싫다며 토를 단다. 이 옷 꺼냈다가, 저 옷 꺼냈다가 거실 바닥만 보면 패션쇼 무대 뒤다.

엄마가 학교에 오지 않았으면 하는 날도 생겼다. 여느 때처럼 아이를 데리러 나서는데, 친구랑 학원까지 걸어간다며 전화가 왔다. 땡볕에 덥지 않냐고 물으니 괜찮단다. 남다른 촉을 가진 엄마 더듬이에 버튼이 작동했다. 학원으로 책을 가져다주겠다며 끊고 출발해서 멀찍이 서 있었다. 가까이 다가오는 아이가 보였다. 아뿔싸! 같이 걸어간다는 친구가 여학생이다. 편의점에 다녀온 건지 주황색 음료와 얼음이 든 플라스틱 컵을 들고 있다. 아이 표정이 점점 또렷하게 보인다. 유치원 때 이후로 처음 보는 얼굴 같다. 순도 100퍼센트의 미소를 짓고 있는 아이. 해맑다. 어질어질한 감정은 어떻게 설명해야 할까. 아무렇지 않게 아이를 부르고 책을 건넸다.

사춘기 전조증상 중 하나인가. 여진이 몰려온다. 앞으로도 얼마나 많은 낯선 모습을 마주해야 할까. 엄마들이 말하던 이성 문제가 코앞에 온 건가. 산 넘어 산이다. 다음엔 어떤 고민이 올까. 대강이라도 알 수 있다면 준비라도 할 텐데. 독립적인 인격체로 키우기까지 대략 10년 남았다. 예상 불가능한 상황이 닥치더라도 슬기롭게 대처할 수 있게 정신적, 신체적으로 강한 엄마가 되어야겠다.

20년을 기준으로 하는 장기 마라톤은 글 쓰는 삶이다.

2021년, 공동저서에 참여할 당시만 해도 지금처럼 살게 될 줄 몰랐다. 나와 아이의 10년 추억이 담긴 책을 내고 나면, 모니터에서 멀어질 줄 알았는데 끝이 아닌 새로운 시작으로 연결됐다. 출간 이후에도 글쓰기 수업을 들어서일까, 주변에 작가가 많아져서일까. 짧은 글 한 편이 될 만한 소재나 주제가 떠오르면 얼른 핸드폰 메모장을 연다. 한 권의 책이 아니라 한두 페이지만 쓰면 되니 마음도 손도 전보다 가볍다. 글 쓰는 근육이 붙어서일까. 떠오르는 주제가 있거나, 괜히 쓰고 싶은 날이면 빈 노트를 꺼내 끄적인다. 아무 생각 없이 앉아 있다가도, 생각의 고리를 펼치다 보면 소재가 나오고 문장이 나오고 문단이 만들어진다. 때론 언제 이만큼 발전했나 싶기도 하다. 출간 이후, 매일은 아니더라도 일주일에 두세 번은 써서 노트북에 모아 놓고 있다. 개인과 공동저서 상관없이, 최소 1년에 한 권은 출간하고 싶다. 그러다 보면 서점 스테디셀러의 조명을 받는 책도 생기지 않을까.

계획과 실행도 중요하지만, 끝맺는 시점도 필요하다. 도착 시기와 지점만 알아도 견디는 힘이 된다. 걷고 달리는 동안 만나게 될 잦은 비바람, 폭풍우, 태풍을 이겨낼 수 있다. 아스팔트, 진흙, 웅덩이를 만나도 밟거나 피할 수 있다. 나만의 시간, 방향, 속도를 되뇌며 포기만 하지 않으면 된다. 계획적으로 나눈 단기, 중기, 장기 마라톤 항목이 순조롭게 진행될 수 있도록 주기적으로 점검해 나갈 것이다.

경력단절 엄마에서 프리랜서로

재택근무는 꿈의 직장에서만 하는 줄 알았다. 코로나라는 예기치 못한 상황은 직장인의 근무 형태를 바꿔놓았다. 한 집 건너 한 집에, 재택근무 중인 엄마나 아빠가 있었다. 옆집, 윗집, 아랫집만 봐도 그랬다. 몇 년 동안 얼굴을 모르고 지내던 학부모들과 등하굣길, 학원 앞, 녹색 학부모 봉사로 인사를 나누기도 했다.

집에서 일한다고 해서 근무 시간이 자유로운 건 아니었다. 온라인으로 만나 회의하고 업무를 봐야 하니 회사에 있는 것과 다르지 않다는 이도 있었다. 그러나 그들은 돌아갈 곳이 있는, 소속된 곳이 있는 '직장인'이다.

유대인 자녀 교육법인 하브루타 강사로 활동하면서 온라인과 오프라인에서 수업을 진행한다. 온라인 수업은 집에서 한다. 되도록 아이들이 학원에 있는 시간대 위주로 스케줄을 짠다. 저녁이나 주말에 수업이 있는 경우는 남편에게 아이들을 맡긴다. 오프라인에서 수업해야 하는 경우는 수업 시작 전, 강의 장소를 먼저 살핀다. 수업 외에도 오가는 시간을 더해야 한다. 가정경제에 도움이 되고 싶지만 아직은 엄마의 손길이 필요한지라, 긴 시간이 소요되는 수업은 안 하려는 편이다.

소속된 곳이 있던 직장인으로 근무하다가, 프리랜서의 삶을 살게 되었다. 소속, 책임, 결정 등에서 오는 성격이 다른 두 가지 일을 해오며, 경험으로부터 깨달은 몇 가지 장단점이 있다.

개인적으로 생각하는 장점 세 가지는 다음과 같다.

첫째, 근무 시간이 유연하다. 1회차부터 12회차 수업까지 기간도 다양하다. 끝나는 시점이 명확한 만큼 부담이 적다. 다음 일정이 있고, 다른 목표가 있는 경우라면 이보다 더 좋은 조건이 있을까. 아직은 엄마의 보살핌과 관심이 필요한 초등 저, 중학년 아이가 있어 일과 육아의 균형을 맞추기도 비교적 수월하다. 아이들 식사도 제때 챙겨줄 수 있고, 숙제도 봐줄 수 있고, 놀 수도 있다. 오래되지 않아 나보다 더 바쁜 일정을 소화하게 될 아이들이란걸 알기에, 아직은 엄마 역할에 비중을 두려 한다.

둘째, 생산성이 향상되고 자유롭다. 수업하기 전에, 준비에만 상당한 시간이 소요된다. 독서 수업인 만큼 책을 찾고, 관련 정보를 검색하고, 과제를 만들어야 하는데 집이 아닌 다른 장소에서 그러기가 쉽지 않다. 수업도 짜임새 있게 구성해야 하니 집중력도 요구된다. 아이들이 등교하고 난 뒤, 고요한 시간을 활용하여 준비한다. 게다가 의사 결정이 자유로운 덕분에 상사의 승인을 구하지 않아도 된다. 단, 학생들과 부모로부터 받는 피드백을 바탕으로 강의 내용을 수정하거나 업그레이드하며 역량을 발전시킨다.

셋째, 배움을 지속할 수 있다. 수업이 연속될수록, 나의 배움도 연결되어야 한다. 아이들이 좋아하는 그림책이나 작가 위주로 선택해 커리큘럼을 구성하지만, 신간 중에서 신선하거나 흥미를 유발하는 책도 끼워 넣는다. 또한, 같은 책이나 과제로 수업한다고 해서 같은 방식으로 진행하지 않는다. 학생 수에 따라, 학습 흥미도에 따라, 학년에 따라 달리한다. 아이들마다 생각이 다르고, 질문이 다르고, 수준이 다르다. 매 수업에서 받는 반응을 정리하여, 다음 수업에 업데이트한다. 그렇게 쌓인 과제물은 나의 지적자산이자 포트폴리오가 된다.

반대로, 개인적으로 생각하는 단점 세 가지는 다음과 같다.

첫째, 금융권 제약이 많다. 대출을 신청하거나 마이너스 통장을 개설하려니 여간 까다로운 게 아니다. 다른 사람처럼 오른손에는 융자를 왼손에는 이자를 내는 삶을 살아볼 기회를 얻기 힘들다. 사업자등록을 한 경우는 덜하긴 하나, 된다 해도 이자가 높다. 건강보험도 직장가입자가 아닌 지역 가입자에 속하다 보니 내야 하는 세금도 많다. 고정적이지 않은 수입으로 인한 금융거래의 제한이, 때로는 내가 하는 일과 자신을 낮게 만든다.

둘째, 끊임없이 일감을 찾아야 한다. 도서관, 방과 후 지도사, 온라인 클래스 같은 경우는 짧게는 한 달, 길게는 1년 단위로 계약한다. 재계약을 한다 해도 다시 채용 절차를 밟아야 한다. 요즘 기업의 수명이 짧다고 한들 계약직 강사에 비할 수 있을까. 일감이 이어지게 하려면 관련 일자리를 수시로 검색해야 한다. 강사 조건도 맞춰야 하고 접수 시기를 점검해서 이메일을 보내거나 담당자와 통화도 해야 한다. 다음 일거리가 끊기기 전에 미리 알아두는 것도 필요하다. 양질의 강의를 해야 함은 물론이고, 나를 알리기 위한 SNS도 적극적으로 활용해야 한다.

셋째, 노동한 만큼만 벌며 복지혜택이 없다. 다시 말해, 투자한 시간과 수입이 정비례한다. 일반적으로 하루에 여덟 시간 정도 근무하는 직장인들과 달리, 한 강의당 두 시간 정도만 근무한다. 오전 수업을 마치고 육아에 전념하다가 늦은 밤 다시 수업을 진행하기도 한다. 노동의 투여 없이 수입이 발생하지 않는 건 기본이고 건강보험, 퇴직금, 유급 휴가 또는 병가와 같은 혜택도 없다.

결혼 전만 하더라도 소속된 직장이 있었다. 가입된 4대 보험이 있었고, 문제가 생기면 나를 보호해 줄 장치도 있었다. 프리랜서로 활동하니 가입된 보험도 없고, 나를 보호해 줄 회사도 없다. 이렇게만 보면 직장인이 나아 보일 수도 있지만, 일과 육아를 병행하기에는 현재 근무 형태가 최선이자 최적이다. 가까이 지내는 강사 중, 자신의 자리에서 입지를 굳힌 이들 다수가 이 시기를 지나왔다. 누군가는 포기했고, 누군가는 버텼다. 끝까지 남은 강사는 시간당 강의료가 올랐고, 관공서나 기업체 강의를 나가며, 전국을 누빈다. 나도 이 시기를 지나고 나면 이름 있는 프리랜서가 될 수 있지 않을까. 단점보다는 장점에 집중하며, 지금을 견뎌 나갈 것이다.

엄마의 페르소나를 소개합니다!

• 하브루타 강사 페르소나 •

유대인 전통 교육 방법으로 알려진 하브루타 강사로 활동 중입니다. 취학을 앞둔 아이를 잘 키워보자고 시작한 공부에 제가 빠져들었습니다. 조금 더 깊이 있게 배우고자 1급 자격 과정을 취득하였습니다. 그 후로 꾸준히 공부하고 연구하며 도서관, 학교 방과 후, 온라인에서 초등학생과 학부모 대상으로 강의를 진행합니다.

무명을 즐겨라

작년에 개인 저서 집필을 앞두고 고민에 휩싸였다. 글을 못 쓴다는 둥, 저 정도 글이면 나도 쓰겠다는 둥, 난데없이 무슨 글을 쓰냐는 둥 그 외에도 갖은 구설수가 생길까 봐 일어나지도 않은 일에 걱정이 앞섰다. 날것 그대로의 나를 보여줘야 한다는 걸 알면서도 타인을 의식하지 않을 수 없었다. 나를 모르는 사람들만 읽는다면 그나마 나을 것 같기도 했다. 걱정만 가득한 상태로는 백지를 채울 수 없다는 걸 알면서도 선뜻 빠져나오지 못했다.

초고를 쓰는 동안 많은 사건이 있었다. 게으름의 출동뿐 아니라 친정아버지의 병명을 알 수 없는 입원, 전학 간 학교에 적응해야 했던 아이들, 남편과의 불화 등으로 구석구석 가시가 돋았다. 현실과 달리 글 속의 우리 집은 평화로웠다. 초고를 마무리하고 일주일 정도 지났을까. 힘겹게 쓴 글임에도 모조리 찢어버리고 싶었다. 그대로 출간하려니 피노키오가 따로 없다. 글 속에 나는 다른 자아였다. 우아하지도, 고상하지도, 똑똑하지도 않다. 육아하는 내내 눈물을 삼키는 날이 많았고, 여기저기 상담 요청으로 불러 다녀야 했으며, 남편과 여러 번 일촉즉발의 상황을 마주하던 나는 없었다.

　퇴고를 시작하려는 찰나, 아빠가 대학 병원에 입원하게 되며 제동이 걸렸다. 대장암 3기 투병 중에 이상 증세가 나타났다. 다리부터 시작해서 전신으로 고름 덩어리가 번졌다. 연휴가 많은 가정의 달이라 의료진이 부족했다. 원인을 알지 못한 채, 일주일이 넘도록 항생제만 투여했다. 엄마, 언니, 내가 3교대로 병실을 지켰다. 공휴일이 끝나서야 병명이 나왔다. 류머티즘성 관절염이지만, 흔하게 나타나는 증세가 아니라 시일이 꽤 소요됐다 했다. 그 후부터 치료가 급진적으로 진행되었다. 밤마다 병실을 지키는데 잠이 오지 않았다. 밤새 간호사들이 오가고, 환자들이 내뱉는 소리에 잠들 수 없었다. 노트북을 가지고 휴게실로 이동했다. 어두운 조명 아래 빈 화면을 보고 있노라니 내가 병원 침대에 누워야 할 판이었다. 차근

차근 다시 읽었다. 살릴 건 살리고, 지울 건 지우고 수정하며 밤마다 날것의 나를 꺼내 솔직하게 담았다.

첫 번째 책을 출간하고 두 달이 지났을 즈음, 독서 모임에서 오스틴 클레온 작가의 『훔쳐라, 아티스트처럼』이라는 책을 만났다. 처음부터 신선한 내용이 가득했지만, 뒷부분에 적힌 글을 읽고 무릎을 쳤다.

'무명일 때 무명을 즐겨라. 무명을 이용하라.'

출간 후, 나를 둘러싼 주변에서는 아무 일도 일어나지 않았다. 하루아침에 나를 알아보는 사람이 생긴다든가, 책에 적힌 내용을 물어본다든가, 화제를 몰고 다니는 일 따위 일어나지 않았다. 그런데도 왜 그렇게 타인을 의식했던 걸까. 달라진 건 아무것도 없는데, 아무도 뭐라고 하지 않는데 뭐가 그렇게 두려웠을까. 책에서 만난 한 문장을 보며 반성했다. 다행이다 싶었다. 작가의 말처럼, 지금이야말로 자유를 만끽할 수 있는 정점인지도 모른다. 작가라는 페르소나는 생겼지만, 모든 건 그대로다. 나에게 관심 없는 주변 반응에 도리어 서운하기도 했다. 온도 변화가 없는 일상을 보며, 내가 체감한 무명의 장점을 세 가지로 정리해보았다.

첫째, 영화 〈범죄도시 3〉의 주인공인 배우 이준혁은 SNS를 통해 팬들과 소통하려 했지만, 댓글 달기가 조심스러웠다고 한다.

"이건 이래서 저건 저래서 배제하다 보니 음식 관련한 사진만 올리고 보게 되더라고요. 그나마 줄이고 줄여서 댓글을 달다 보니 유아 수준의 언어로 올리게 됐어요."

그와 달리 나는, 하고 싶은 말을 할 수 있다. 사회적으로 물의를 일으킬 만한 사건을 만들지 않는 이상, 언변만으로 이슈를 일으키기 힘들다. 유명해지고 나서 회자될지는 모르겠으나 당장은 뻔뻔하게라도 할 말은 할 수 있지 않은가.

둘째, 본연의 페르소나를 편하게 펼칠 수 있다. 술자리에서 술을 마셔도, 불의를 보고 화를 내도, 엉뚱한 말과 행동을 해도 괜찮다. 다른 사람은 내가 누군지 관심 없다. 현관문을 열고 나가기 전의 행동과 마음가짐이 사뭇 달라도 나만 알 뿐, 남들은 모른다.

셋째, 일거수일투족 신경 쓰지 않아도 된다. 집 앞 마트에 가는 것도 신경 쓰인다는 어떤 연예인의 인터뷰를 본 적 있다. 일부러 모자를 눌러 쓰고 간다든지, 가야 할 상황을 피한다든지, 밤에 나간다든지 한다는데 그럴 필요가 없다. 온종일 세수하지 않아도 모른다. 대충 입고 돌아다녀도 파파라치의 표적이 되지 않는다.

내 이야기를 담은 책을 쓰면서, 내가 아닌 타인을 기준에 두었다.

일어나지도 않은 일에 혼자 심각했다.

글을 쓰고자 하는 지인이나 수강생에게서 자주 듣는 말이 있다.

"제가 쓴 글을 누가 볼까 봐 못 쓰겠어요. 일기장에는 쓸 수 있겠는데 책에는 못 쓸 것 같아요."

그런 말을 들을 때마다 한결같이 답한다.

"저도 그랬어요. 누구나 가지는 고민이 아닐까요. 제가 책을 내고 깨달은 게 있어요. 사람들은 생각보다 남의 일에 관심 없어요. 설령 가진다 해도 나만큼 깊이 생각하지 않아요. 책을 끝까지 읽는다는 보장도 없고요. 그러니까, 그냥 쓰세요. 날것 그대로의 나를 쓰지 않으면 제가 그랬던 것처럼 엎게 될지도 몰라요."

무명이라 얼마나 다행인가. 못 해도, 부족해도, 어설퍼도 나만 안다. 언젠가는 그 연예인처럼 마스크 끼고 모자를 쓴 채 거리를 행보할 수도 있겠지만, 아직은 좀 더 '무명'에 머물며 즐기고 싶다.

엄마의 자기 계발을 바라보는 주관적인 의견

자기 계발을 위해 만난 엄마들과 이야기 나누다 보면, 저마다 뛰어든 목적, 목표, 방향이 달랐다. 나는 삶의 중심을 찾고, 나만의 재주를 갖고, 경제적 독립을 이루고 싶다는 목표가 있었다. 배움을 이어가고, 경력을 쌓아가고, 수입까지 얻게 되면서 엄마들에게 자기 계발이 필요한 주관적인 의견을 가지게 되었다.

첫 번째, '나'를 찾을 수 있다. 아이가 어린이집과 유치원에 가기 전까지는 육아에만 전념했다. 마냥 아기일 줄만 알았던 아이들은 유치원에 다니면서 혼자 할 수 있는 게 많아졌고, 또래와의 관계에서 사회성도 쌓아갔다. 이때부터 삶에 변화를 주기 시작했다. 두 아이를 등원시키자마자 요가학원으로 갔다. 몸을 이완하고 근육을 키우고 건강하게 땀을 흘리며 상쾌하게 시작한 아침은 오후의 에너지까지 충전해주었다. 그 후로도 자세 교정, 수영, 골프를 배우며 운동의 끈을 놓지 않고 있다. 최근 들어 코어 힘으로 가뿐하게 물살을 가로지르고 싶은 목표도 생겼다. 지금처럼 자기관리를 통해 자신감을 쌓고 건강한 기운을 가진 '엄마 사람'이 되고 싶다.

　독서, 필사, 미라클 모닝을 위해 여러 커뮤니티에 가입해 있는 상태다. 적게는 열 명 내외, 많게는 천 명이 넘게 모인 공개 채팅방에 가입했더니 다른 모임에도 있는 회원이 보였다. 독서 모임에서 만났는데 필사하는 모임에서도 만났다. 새벽 기상을 하는 모임에서 만났는데 시간 관리하는 모임에서도 만났다. 나름대로 시간을 촘촘하게 쓴다고 자부하지만, 이들 앞에서는 겸손해진다. 그들로부터 열정이 전해져온다. 채팅창에 밀려오는 글을 읽기도 벅찬데, 자기 일도 하면서 다른 사람에게 피드백까지 주는 이들을 보며 무임승차하는 기분도 든다. 여기 세상 속 사람들은 넷플릭스보다는 책, 가십거리보다는 자기 계발 관련 정보, 브런치 약속보다는 루틴 인증, 사교육 정보보다는 엄마 교육정보에 관심을 둔다. 공부하는 엄마가 한정된 것인가, 이들이 갈 곳이 한정된 것인가. 여기서도 만나고 저기서도 만나며 동반성장하는 중이다.

두 번째, 빈둥지 증후군을 조금이라도 가볍게 보낼 수 있다. 빈둥지 증후군이란 마지막 자녀가 대학에 입학하거나 취직하여, 자녀들이 모두 독립하고 난 뒤 부모가 느끼는 심리적 현상이다. 남자아이만 두 명인 나를 보며 미리 걱정하는 어른도 있다. 다 키워보니 아들은 필요 없더라, 재외 동포더라, 그나마 딸 노릇을 하는 아들 한 명은 있어야 할 텐데. 일어나지도 않은 일에 조언을 건네기도 한다. 아이들이 어릴 적만 해도 빨리 그런 날이 오길 바랐지만, 이토록 이르게 찾아올 줄은 몰랐다.

초등학교 4학년인 첫째와 2학년인 둘째는 아빠와 있거나 단둘이 있는 걸 즐긴다. 저녁에 온라인 수업에 참여해야 하거나 외출해야 한다는 말을 꺼내면 매듭짓기도 전에 미소가 번진다. 약속 시간도 되지 않았는데 언제 나갈 거냐고 졸졸 따라다닌다. 아빠와 있는 게 좋은 건지, 엄마로부터 자유로워지는 게 좋은 건지 헷갈린다. 여행지에서도 마찬가지다. 맛있는 거 먹으러 가자고 하면 아빠랑 둘이 다녀오라 한다. 한 시간이 지나도 전화 한 통 없다. 따라나서지 않는 아이들을 볼 때마다 낯설고 서운하다. 아기 띠 안에서 앞뒤에 자석처럼 붙어 다니던 아기들은 어디로 간 걸까. 지금의 시기를 먼저 겪은 어른들이 건네는 조언을 되새기며, 언젠가는 떠나보낼 준비를 한다. 두 아이가 내 곁을 떠나더라도, 내가 하는 일이 있다면 빈둥지 증후군을 가볍게 이겨낼 수 있지 않을까.

세 번째, 경제적 독립이다. 한 치 앞을 모르는 게 사람 일이라지만 대개는 내 얘기는 아닐 것이라 여긴다. 멀게는 뉴스나 신문 기사로, 가깝게는 지인의 지인 선에서 그칠 뿐이다. 배우자의 갑작스러운 부재, 재정 상태의 악화, 예기치 못한 일로 경제활동이 불가한 상황이 닥치면 가정에만 있던 엄마도 생계를 위해 나가야 한다. 지인 중에 가족 심리상담사로 활동하는 분이 있다. 배우자와의 이별이나 사별로 갑작스럽게 경제활동을 해야 하는 엄마 중 기초 생활 수급 대상자로 전락하는 분이 많다고 했다. 그러기에 더욱 엄마들이 세상 밖으로 나와야 한다는 말을 강조했다. 그전까지는 귓등으로 듣던 말이 남편과의 갈등이 최고조에 달했을 때 번개처럼 꽂혔다. 나 혼자 두 아들을 키워야 하는 상황이 닥치면, 당장 생활비 걱정을 피할 수 없다. '엄마'를 부르는 소리가 돈이 필요하다는 말로 들릴까 무섭다. 설상가상으로 빚까지 있다면, 어떻게 살아야 하나. 부모님이나 형제에게 도움을 요청해도 되지만, 형편이 되지 않음은 물론이거니와 결국에는 지치지 않을까. 최악의 시나리오를 준비한다는 전제하에, 잔잔하게라도 경제적 기반을 다져놓으려 한다.

이외, 다른 이유도 많겠지만 자기 계발에 발을 들이며 지극히 주관적인 의견이 형성되었다. 배움을 시작했을 당시만 해도, 심적으로는 최악이었지만 경제적으로는 어느 정도의 여유가 있었다. 당장 오늘내일 사는 게 절박했다면 배움을 향해 발을 내디딜 수 있었을까.

간혹 능력을 갖추고, 돈도 벌고 싶은데 그럴 여유가 없다는 엄마들을 만난다. 여유가 없다는 건, 나와 맞지 않은 일에 시간을 쓰거나, 안 해야 하는 것을 한다거나, 그냥 하는 말에 불과할 수도 있다. 절실하고, 진정성 있고, 뜨거운 열정만 있다면 뭐든 할 수 있다.

스스로 충분히 가치 있는 사람이고, 쓸모 있는 사람이며, 독립적인 존재가 될 수 있다는 사실을 깨달았으면 좋겠다. 가지고 있는 능력이 있으면 있는 대로, 없으면 없는 대로 배우며 자신만의 특출난 분야를 만들어 뿌리 내리길 바란다.

제4장

애쓰지 않아도 달라지고 있다

본연의 페르소나도 인정하자

"은준아. 제발 차에서는 의자를 똑바로 펴고 허리에 앉아!"
"허리를 똑바로 펴고 의자에 앉으라는 거예요?"

"이 식당에는 호출 벨이 없나?"
"식탁 코너바리에 있네."

4년째 골프 초보로 연습만 하다가, 친구네 부부와 첫 라운딩을 갔다. 남편의 연습 스윙 소리가 들린다. 공을 쳤나 보다.
"나이스 온!"

"…"

"이럴 땐 나이스 샷이라고 해야지!" 빵 터진 친구는, 한동안 잔디만 밟으면 '나이스 온' 음성지원에 시달렸다고 한다.

"지연이 이모는 생긴 거와는 다르게 말하면 좀 깨요!"
가족과 친구로부터 어린 시절부터 꾸준히 듣고 있는 말인데, 열한 살 소녀 눈에도 그렇게 보였나 보다. 옆자리에 앉은 은준이는 눈물까지 보태며 웃는다. 아이들 반응에 덩달아 웃었다.
친구들이 늘 하는 말이 있다. 어디서든 조용히 앉아만 있다가 오라고. 가만히 있으면 도도해 보이기라도 하니 그냥 있으랬다. 사람들 환상을 환장으로 만들지 말라는 조언을 건네는 이들은 나이가 들어감에도 늘고 있다.

대학생이 되긴 했지만, 동기들과 달리 겉돌았다. 선배라는 호칭도 낯설었고, 여럿이 모여 다니는 문화에도 적응하지 못했다. 1년의 휴학 후 돌아온 학교는 더욱 낯설었다. 남자 동기는 국방의 의무를 다하고 있었고, 여자 동기는 어학연수 등으로 휴학 중이었다. 교내 활동보단 다른 학과에 다니는 학창 친구와 캠퍼스 시절을 보냈다. 있는 듯 없는 듯한 존재로 다닌 걸까. 나를 떠올리면 '새침하다'라고 생각하는 선후배가 많았다. 선입견을 품고 있다는 걸 알면서도 굳이 아니라고 말하고 싶진 않았다. 내 이미지를 알고 있는 동기들은, 가만히 있는 게 나을 거란 농담 같은 진담을 건넸다.

스물다섯에, KTX 승무원이 되었다. 부산지점으로 발령받았다. 서울과 달리 동기라고 해봐야 열 명 정도였다. 2주간의 신입 연수를 마치고 얼마 지나지 않아 동기들과 술 한잔하는데 두 살 많은 오빠가 '맹'이라 불렀다. 버럭 하는 사람은 나뿐, 다들 손뼉 치며 웃었다. 20년이 지났음에도 여전히 나를 그렇게 부르는 동기들. 별명에 익숙해진 건지, 이름이 불리면 어색할 때도 있다. 반면, 동기를 제외한 선후배들은 나를 다른 이미지로 바라봤다. 열차 내에서 2인 1조로 일하지만, 근무 위치가 다르다. 총 열여덟 칸 객실을 반으로 나눠 근무하다 보니 긴급한 상황이 아니면 팀원과 마주칠 일이 없다. 숙소에 도착하면 밥 먹고 바로 쉬다 보니, 말도 섞을 일이 없다. 일할 땐 일만 하고, 휴식 시간에는 책을 읽거나 잠만 자니 의도치 않게 일만 하는 선배라는 이미지가 굳혀졌다. 퇴사 직전까지 그랬다. 후배들은 나를 떠올리면 도도하다, 완벽주의자, 남의 일에 관심 없는 선배라고 했다. 죄책감이 들기도 했지만, 동기들은 잘 만들어진 이미지를 고수하자며 말렸다.

몇 년 후, 사석에서 만난 선후배들은 나를 향해 여러 번 놀란 표정을 짓는다. 원래 이런 성격의 소유자였는지, 결혼 후 변한 건지 묻는다. 가만히 있는 나와 달리 내 측근들과 그들 사이에 대화가 오간다.

"원래 이랬는데 몰랐어?"

"이미지 관리 제대로 했네."

아이들끼리 친구라는 이유로 가까워지게 된 엄마들도 비슷한 말을 한다.

"보기와 달리 털털하네요, 엉뚱하네요, 의외의 구석이 있네요."

그래서일까 곧바로 언니 동생 하는 사이가 된다. 간혹 그들에게 묻는다.

"지금이라도 이미지 쇄신 안 될까?" 하고 물으면,

"이번 생 말고 다 다음 생에는 가능할지도."라는 답변이 돌아온다.

평상시 모습만 보면 뭘 해도 어설프고, 못할 거 같고, 미덥지 않아 보일 수도 있다. 조금만 집중하지 못하면 허당 페르소나가 튀어나와서일까. 중요한 일이 있거나, 의무가 있는 일 앞에서는 잡음과 잡념을 끄고 몰두한다.

빠져있던 일에서 헤어져 나오는 순간 긴장이 풀린다. 풀린 긴장은 생각과 기억의 깊이를 얕게 만든다. 얕은 기억은 망각으로 이어진다. 아이 가방에 차 키가 들어 있거나, 냉동실에 넣어야 할 음식이 냉장고에 있거나, 핸드폰을 들고서는 무엇을 하려고 했는지 깜박하는 본연의 페르소나가 시동을 건다. 어쩔 땐 보이는 이미지라도 도도해서 다행이다 싶다.

엄마가 되어서도 이러는 내가 한심해서 신중하고, 긴장하고, 집중하며 살아보려고도 해봤다. 평상시에도 그렇게 살려니 말수가 줄었다. 입 밖으로 내뱉지 않고 표현하지 않으니 감정도 단순해졌다. 행동은 느리고 무기력해졌다. 결론은 단 하나, 내 모습 그대로 살자. 엉뚱해도 괜찮다. 실수해도 괜찮다. 똑똑하지 않아도 괜찮다. 본연의 나로 살아도 될 땐, 굳이 애쓰지 않기로 했다.

단호하고 단단하고 과감해라

스위치를 누르면 즉시 켜지고 꺼지는 전등처럼, 하려는 일에만 집중할 수 없을까. 업무를 시작하러 자리에 앉지만, 눈에 거슬리는 것이 있다. 간단하게 용건만 말하려다 대화가 길어진다. 메시지만 확인하려다 SNS에 접속한다. 중요하지 않은 모임에 쫓아다니느라 하루의 에너지를 다 쓰기도 한다. 머리는 아는데 몸이 통제되지 않는다. 단호하고 단단하고 과감할 순 없을까.

나의 업무는 대부분 집에서 이루어진다. 주방에 있는 6인용 식탁은 식사 시간을 제외하고는 책상이 된다. 식탁 의자 네 개에 책상용

의자 하나. 식탁 좌측 끝의 한 면은 책과 노트로 빼곡하다. 인문 도서, 에세이, 소설, 필사 노트, 문장 수집 노트, 브레인스토밍용 노트, 다이어리가 줄지어 있다. 도서관에서 빌려온 아이들 책과 학습지는 책으로 만들어진 넓은 면적 위에 무심한 듯 쌓여 있다.

노트북을 들고 의자에 앉는 순간, 레이더망에 들어오는 물건이 있다. 바닥으로 떨어진 쿠션, 소파 의자 사이와 바닥에 떨어진 간식 부스러기, TV 선반 위에 두고 간 큐브, 아이가 밥 먹으면서 읽던 책, 식탁 유리에 남아 있는 음식 찌꺼기, 의자 바퀴 밑에 있는 머리카락이 보인다. 청소기, 행주, 걸레를 들고 여러 차례 앉았다 서기를 반복하다 다시 앉는다. 매번 여러 안테나를 작동시키느라 단번에 시작할 수가 없다. 다이어리에 적어둔 항목을 실천해야 하는데 한 가지만 밀려도 도미노다. 독서, 필사, 영어 공부, 글쓰기, 강의 자료 준비하기 중, 한두 가지는 건너뛰는 날이 흔하다. 같이 스터디 모임을 하는 사람들에게 푸념하니 그들도 마찬가지랬다. 누구는 카페로 나가거나 아예 못 본 체하거나 따로 살림할 시간을 떼어 놓는댔다. 이런저런 대화 끝에, 의자를 옮기면 어떻겠냐는 말이 나왔다. 고개를 들면 회색 벽면만 보일 수 있는 위치로 옮겼다. 일부러 뒤돌아보지 않는 이상 거슬리는 게 없었다. 위치만 바꿨을 뿐인데 효과가 있었다.

전화 통화도 마찬가지다. 나는 메시지보다는 전화로 대화 나누는 걸 선호한다. 여러 번 메시지를 주고받는 것보다 한 번에 짧게 용건을 전달할 수 있어서다. 때론, 메시지를 읽다 보면 상대방의 의도와 다르게 해석할 때도 있다. 여러 이유로 통화를 택하는 편이지만, 어떨 때는 대화가 길어지기도 한다. 꼬리에 꼬리를 물고 나면 한참이 지났을 때도 더러 있다. 그래서 요즘은, 일하는 동안에는 방해금지 모드로 설정해 전화, 문자, 메시지 알림이 뜨지 않도록 한다.

SNS도 문제가 되었다. 5분만 보려 했는데 금세 50분이 지난다. 다른 사람 글이나 사진에, 이토록 많은 시간을 쓸 일인가. 내 머리 꼭대기에 있는 AI는 나의 관심사가 반영된 이들의 피드를 알아서 열어주었다. 눈에 띄는 주부들을 팔로우하며 그들의 일상에 기웃거렸다. 어디서 옷을 사고, 어떤 화장품을 쓰고, 어떤 여가를 즐기는지 찾아봤다. 그들이 판매하는 제품이라면 알아보지도 않고 구매했다. 같은 공간, 같은 물건도 그들의 사진에서는 달라 보였다. 내가 찍으면 왜 저렇게 나오지 않을까, 비슷한 감성을 건져보겠다며 수십 번 셔터를 누르고 편집하다 삭제하기도 했다.

SNS는 볼수록 공허함이 커졌다. 그들과 내가 다른 사람인 것처럼, 우리 삶이 같지 않은 건 당연하다. 타인의 삶을 기웃거리고 있는 나는 정작, 고무줄 바지에 목이 늘어난 티셔츠를 입고 있다. 분

칠은커녕 세수도 하지 않았다. 그들과 달리 간단한 외출 시에는 아이들 선크림을 바르고 모자를 쓴다. 비슷한 나이대에, 비슷한 또래를 키우는 주부라도 이렇게 다를 수 있는 건가. 비교의 터널은 끝이 보이지 않았다. 핸드폰은 한 번 만지기 시작하면 손에서 떠날 줄 몰랐다.

SNS 피로도와 관련된 기사가 올라올 때마다 뜨끔했다. 나보고 하는 말인가. 의도적으로 멀리하고자 했다. 내 글도 올리지 않고, 남의 글도 보지 않았다. 그러나 SNS를 제대로만 활용하면 돌덩어리가 아닌 보석이 된다고 하니 아예 멀리할 수는 없다. 업무를 위한 수단으로 사용하는 방법을 배우며, 현명하게 사용하려 노력한다.

작년까지만 해도 브런치 모임에 자주 참석했다. 평균 일주일에 두세 번 나갔다. 마르지 않는 샘물처럼 엄마들 화제는 고갈되지 않았다. 아이들 이야기, 동네를 떠들썩하게 만드는 이야기, 우리 이야기 등 주제도 천차만별이다. 나 같은 엄마가 많은 건가, 그런 장소만 골라서 가는 걸까. 오전 일찍 문 여는 카페는 삼삼오오 엄마들 일행으로 빈자리가 없을 때도 있었다. 한 테이블에서 목소리를 높이면 옆 테이블에서는 더 높은 소리를 내기도 했다. 상황에 따라 누구의 집에서 만날 때도 있었다. 배달 음식을 시켜 먹으며 그제와 다를 바 없는 이야기를 나눴다. 비슷한 또래의 아이를 키우고, 비슷한 주제에 관심을 가지는 그들과 수다를 떨다 보면 어느덧 아이들 하교 시간이다. 모임을 줄여야겠다고 생각하던 찰나, 나를 비롯하여 한 명, 두 명씩 자기 계발에 뛰어들거나 복직을 위해 떠났다. 오히려, 한 번씩 만날 날을 기다리는 게 한 주를 버티는 희망으로 돌아왔다.

예전에는 일을 시작하기 전, 중간, 끝에 자투리로 버리는 시간이 많았다. 내 삶의 목표와 방향에 집중해야 한다고 의식하니 예전과는 달라졌다.

일을 시작하기 전, 나를 둘러싼 환경을 보지 않으려 할 일에만 집중한다.

업무할 때는 간단히 통화하거나 방해금지모드를 설정한다.

SNS는 비즈니스 용도로만 사용하고 예정된 시간 이상은 들여다보지 않는다.

지인들과의 만남이 줄어든 만큼, 그날을 삶의 활력소로 맞이하게 되었다.

예전에는 잘 알지 못했다. 버리는 시간이 많다는 것을. 삶의 목표를 구체적으로 설계하니 24시간도 부족하다. 앞으로도 집중해야 할 때는 집중하고, 버려야 할 때는 버리고, 멈추어야 할 때는 멈출 수 있도록 단호하고 단단하고 과감한 내가 될 것이다.

나를 방해하는 건 오직 나

5월의 어느 주말, 예정에 없던 캠핑 일정이 생겼다. 내가 정한 마감 기한인 일요일까지 써야 하는 글이 남아 있던 터라, 떠나기도 전에 걱정이 몰려왔다. 다음 주로 넘기려니, 그 주 일정도 빡빡했다. 어떻게든 써야 한다며 출발 전 노트북을 챙겼다. 그늘막 아래에 앉아 노트북을 펼치긴 했는데 집중되지 않았다. 개울가에서 엄마도 없이 올챙이를 잡으러 간 아이들에게 신경이 쏠렸다. 곤충 채집통을 들고 아이들을 찾아 나섰다. 머릿속은 해야 할 일로 가득한데, 정작 몸은 올챙이와 개구리를 추격하고 있었다. 아이들이 잠든 후 써야겠다며 마음을 비웠다.

밤 10시가 되었다. 매너 타임이라며 조명이 꺼졌다. 벌레가 들어가는걸 막는다며 화장실, 개수실도 닫아버렸다. 건너편에 눈독 들여 둔 정자 쪽 조명도 꺼졌다. 텐트 안에서 자판을 두드리려니 자는 아이들이 보였다. 졸음을 물리치지 못하고 옆에 누웠다.

다음 날 오전, 평소처럼 새벽 여섯 시 전에 눈이 떠졌다. 텐트 밖을 둘러보니 완연한 봄이 오지 않은 듯 한기가 돌았다. 마음 같아서는 따뜻한 차 한잔 내려 어디라도 앉고 싶은데 차가운 공기를 피하러 다시 이불 안으로 들어왔다. 두 시간 정도 지났을까. 눈뜨자마자 올챙이 잡으러 가는 아이들을 따라나섰다. 옆 텐트에서 아침을 준비하는 냄새가 콧속을 간지럽혔다. 식사를 준비하면서도 해야 할 일이 머릿속을 지배했다. 어제 먹다 남은 전골에 라면 사리를 넣어 간단하게 먹고 노트, 필기구, 노트북을 펼치려는 찰나, 엄마를 부르는 소리가 들렸다. 어제 잡은 올챙이가 들어 있는 통 말고 다른 걸로 가져 달라했다. 채집통과 뜰채를 들고 두 아이 사이를 왔다 갔다 하다 보니 어느새 점심시간이 되었다. 일광욕으로 샤워하고 나니 배가 고팠다. 햇반과 김, 스팸, 만두를 구워 먹고 나니 낮잠 귀신이 올 것 같다. 근처에 있는 편의점에 가서 얼음 컵, 비타민 음료를 사서 1차로 카페인을 충전했다. 남편에게 애들을 좀 봐달라고 하고는 에코백에 필요한 것을 넣어 그늘막 밖으로 나왔다.

어젯밤부터 눈독 들여둔 정자에 도착했다. 정자 안에는 모서리마다 긴 의자가 준비되어 있었다. 바닥에 앉아 좌측 편 의자에 노트북을 놓았다. 여러 사람의 시선이 느껴지지만, 쳐다볼 여유가 없었다. 브레인스토밍을 위한 노트를 펼치고 연필을 꺼냈다. 오늘 써야 할 주제를 적고 떠오르는 단어를 포도송이처럼 연결했다. 문뜩문뜩 드는 생각을 적어둔 휴대전화 메모장을 열어, 빈 노트에 5G 속도로 채웠다. 연필이 생각 속도를 따라가지 못할까 봐 괴발개발로 적어갔다. 노트북 전원을 켜고 한글 파일을 열었다. 나를 둘러싼 나머지 소리는 자동 음 소거다. 떠오르는 말과 하고자 하는 말에 몰입했다. 술술 써지는 날을 만나기 드문데, AI처럼 자판을 눌러댔다. 흐름이 끊기지 않고 마지막까지 써 내려가면 좋겠다며 눈 깜박일 틈도 없이 빠져들었다. 마침표를 찍는데 목표한 분량을 넘겼다. 몰입에서 빠져나오게 될까 봐 연이어 떠오른 소재로 두 번째 글을 쓰러 연필을 잡았다. 적다 보니 계획에 없던 주제가 나왔다. 그분이 오셨을 때 써야 한다며 두 번째 포도송이를 연결했다. 다시 노트북으로 시선을 돌렸다. 손가락이 자판을 두드리는 건지, 자판이 손가락 끝을 당기는 건지 모르겠다. 마무리 글을 쓰려는데 산책로를 지나던 등산객 두 명이 올라왔다. 음 소거가 해제됐다. 그들의 대화가 들리며 몰입의 주파수가 흔들렸다. 글 내림도 떠났다. 노트북을 접고 텐트로 돌아왔다.

이제야 아이들 소리가 들렸다. 올챙이를 잡으려다 물방개와 애기개구리까지 잡았다며 신났다. 개울가의 신의 손인지, 뜰채를 들어 올릴 때마다 한두 마리 이상 잡히니 아이들 주변으로 꼬마들이 모였다. 모르는 어른도 합세했다. 주가 상승이다. 오후 3시쯤에는 집으로 돌아가려 했는데 그러지 못할 거 같은 분위기다. 아직 써야 할 분량이 남아 있는데, 입술만 깨물었다. 과부하된 머리도 식힐 겸 얼음물 한잔을 마셨다. 볕이 뜨거워지니 텐트 안팎 어디에도 앉아 있기 힘들었다. 혹시나 집에 가려나, 아이들을 부르니 같이 놀고 있던 꼬마들이 막았다. 다시 편의점으로 가서 간식과 커피를 샀다. 2차 카페인 충전이다. 정자에 있는 사람들은 언제쯤 나가려나 호시탐탐 노려보지만, 한 시간이 지나도 나갈 기미가 보이지 않았다. 이러다 내 글도 보이지 않을 것 같다. 정면 승부를 외치고 다시 들어가려는데 내가 보였던 건지, 갈 시간이 됐던 건지 내려왔다. 그새 해가 뜬 방향이 바뀌었다. 조금 전과 다른 편 의자에 노트북을 올렸다. 머리가 막혔다. 생각이 비었다. 다시 노트를 펼쳤다. 안경 사이에서 나오는 눈빛 레이저는 종이도 태울 지경이다. 한참을 보고 있으니, 천천히 연필이 움직이기 시작했다. 적다 멈추길 여러 번, 생각의 문이 열렸다. 하나둘 써 내려갔다. 세 번째 글에 마침표를 찍고 고개를 드니 목 전체가 뻐근했다. 언제 이만큼이나 시간이 흐른 걸까. 1년에 한 번 올지 말지 하는 글 내림 대마왕은 이러지도 저러지도 못하는 내가 안쓰러웠는지 확실한 존재감을 보여주고 떠났다.

 누가 시킨 것도 강요한 것도 아닌, 스스로 세운 목표라 미룰 수도 있었다. 그러나 크고 작은 목표가 있기에 그럴 수 없었다. 아이들과 놀고 있는 순간에도 알고 있었다. 나와의 싸움이란 것을. 이기고 싶었다. 그러기에 포기하지 않고 틈을 찾아다녔는지도 모른다.
 가족 여행을 핑계로 쓰지 않았더라면 캠핑은 나의 글을 방해하는 요인이 되었을까, 나의 의지를 방해하는 요인이 되었을까. 절실한 마음만 있다면 어떤 장애물도 건너뛸 수 있다. 모든 건 나에게 달려 있음을 알게 된 그날 '나를 방해하는 건 나 자신뿐'이란 진리를 다시금 확인했다.

고민의 해답은 일상에 있다

직장생활을 할 때만 해도 1년에 한 번 이상 철학관을 찾았다. 엄마는 천주교 신자가 자꾸 점을 보러 가서 될 일이냐며 한 소리 했다.

딱히 궁금한 게 있어서 갔던 건 아니다. 신년 운, 이직 운, 결혼 운이 주된 질문이었다. 경제적 자유는 언제쯤 이뤄질지, 안정된 삶을 살 수 있을지, 신랑감은 어떤 사람이 될지 등 고만고만한 질문을 던지면 고만고만한 대답만이 돌아왔다. 알면서도 정기 행사처럼 찾아다녔다. 결혼 택일을 끝으로 발길을 끊었고, 앞으로도 찾아갈 일이 없을 줄 알았다.

아이를 낳고 몇 년 동안은 가지 않았다. 갈 필요도, 시간도 없었다. 몇 년 전, 같은 아파트 단지에 사는 동생과 차 한잔하러 갔다. 밀린 수다 보따리를 풀다 보니 점집으로 화제가 전환됐다. 용한 곳이 있다 했다. 본인이 처음 갔을 때만 해도 신내림받은 지 얼마 되지 않아 아는 사람이 없었다고 했다. 인생 상담을 받고 온 것처럼 마음이 차분해져서 다시 가려니 여섯 달 뒤로 예약이 잡혔다며 속상해했다. 얼마 지나지 않아, 친구에게서 전화가 왔다. 용한 점집이 있대서 예약했는데 내년 이맘때로 약속이 잡혔단다. 알아보니 그 동생이 말했던 집이다. 대기가 6개월이 아닌 1년이라는 말에 소문의 힘이 느껴졌다. 그때 예약할 걸 싶었다. 지금 전화하면 더 오래 기다려야 한다는 말에 1차로 솔깃해졌다. 잊고 살다 보면 방문할 날짜가 다가와 있지 않겠냐는 말에 2차로 솔깃해졌다. 당장은 궁금한 게 없지만, 1년 뒤에는 생길지도 모른다며 3차로 솔깃해진 귀의 신호를 받았는지 손가락이 메시지를 보내고 있었다. 2022년 1월에 메시지를 보냈는데, 평일에 볼 거면 1년 뒤에 가능하고 주말에 볼 거면 1년 6개월 뒤에 가능하다는 답변이 돌아왔다. 타임캡슐을 묻는다는 마음으로 1년 뒤, 평일로 날짜를 잡았다.

잊고 지내다 보니 2월 23일, 디데이다. 치앙마이 여행을 마치고 공항에 도착하니 아침이다. 불안정한 기류 때문에, 오는 내내 흔들렸던 비행기에서 밤을 지새워 눈 밑이 검게 변했다. 열흘 동안 쌓인 산더미 같은 여행 짐을 풀다 보니, 그 속에 몸을 파묻고 싶었지만 1년이란 숫자를 떠올리며 버텼다.

오후 두 시, 약속 시간에 맞춰 도착했다. 마당에 서 있으니 안쪽에 있는 방에서 기다리라 한다. 먼저 온 손님이 나가는 소리가 들린다. 보살님은 커피를 내리더니 사과를 깎는지 사각사각 소리가 들린다. 내가 온 걸 잊은 건가. 나가보려는데 갑자기 방울 소리가 들린다. 그 소리가 점점 가까워진다. 불안하다. 나 때문에 흔드는 것 같다. 나갈까 말까, 발만 동동거렸다. 10분쯤 지났을까, 방문을 열더니 나오라 한다. 앉으란 말도 없이 다짜고짜 집에 무슨 일 있냐고 묻는다. 중요한 결정을 앞둔 상황인 거 같다며 질문폭격을 가한다. 불편하시면 그냥 가겠다니 그제야 앉으란다. 나의 신년운세와 앞날을 물어보러 왔는데 그걸 볼 때가 아니라며 가족 이야기로 시간을 채운다. 1년이나 기다렸는데 30분도 채 남지 않았다. 내 사주를 봐주려나 했는데 아이들에 대해 질문한다. 아이들 사주는 안 보는 게 좋다던 어른들 말이 떠올라 상담받으면서도 찝찝하다.

"제 사주랑 신년운세도 좀 봐주세요."라고 하니, 또 그게 중요한 게 아니란다. 1시간의 끝이 보인다.

"미안하다. 나도 여태까지 이렇게 안 보이는 건 처음이다. 할매가 니는 지금처럼 하면 돈도 벌고 명예도 얻고 다 좋단다. 근데 공부해야 돈이 들어온단다. 죽을 때까지 공부해야 한다니까 이왕 하는 거 열심히 해라. 문서 운도 좋고 다 좋다. 기도 열심히 해라. 종교 상관없이 기도만 많이 드리면 된다. 다음에 오면 니꺼 꼭 봐주게. 가는 길에 이거 좀 들고 가라. 어제 재(齋)에 올린 바나나라서 엄청 귀하고 좋은 거다. 집에 가서 가족들이랑 나눠 먹어라."

다음 예약은 2024년 7월. 그때까지 기다리라니 힘이 빠졌다. '신빨이 떨어졌구나.' 하며 바나나를 받으려는데 한마디 보탠다.

"올해 TV에 나오네."

"아. 네. 유튜브 같은 거요?"

"아니. 할매가 텔레비에 나온다카네."

"네. 안녕히 계세요."

'그럴 리가요. 주신 건 잘 먹겠습니다. 내년엔 안 오겠습니다.' 속으로만 대답했다.

아이들도 맛있는 건 기가 막히게 알아봤다. 그 많던 바나나를 하루 만에 먹어 치웠다. 한 달 뒤. 〈KBS 대구 아침마당〉 프로그램에서 출연 제의가 들어왔다. '나의 경력단절 탈출기'를 주제로, 자기계발을 통해 경력단절에서 탈출한 경험담을 전해달라 했다. 결혼 전과 현재 하는 일의 연결고리가 없음에도 어떻게 작가와 강사로 활동하게 되었는지 말해달랬다. 개인적으로 친한 두 명의 작가와 함께 출연할 예정이란 말에 바로 승낙했다. 그날 밤 침대에 누웠는데 갑자기 생각이 났다.

'할매가, 텔레비에 나온다카네.'

점집 문을 나서고 두 달 뒤. TV에 나왔다. "텔레비전에 내가 나왔으면 정말 좋겠네, 정말 좋겠네." 보살님의 예언이 맞아떨어진 걸까, 우연일 걸까, 아리송한 마음에 잠을 뒤척였다.

문을 나설 때 만해도 다시는 오지 않을 것처럼 떠났는데, 흔들렸다. 죽을 때까지 공부만 하면 돈과 명예는 따라온다니 공부만 하면 되는 건가. 판단 능력이 저하된 와중에, 서점에서 이석원 작가의 신간인 『순간을 믿어요』를 만났다. 작가의 경험이 담긴 산문집에는 이런 내용이 적혀 있었다.

'예약하는 데만 1년 넘게 걸리는 철학관이 있다. 다음 예약은 2년 뒤로 잡아준다. 잊고 살다 보면 약속한 날짜가 다가온다. 기다리는 사이, 예약할 당시에 가지고 있던 문제는 이미 해결되고 없는 경우가 많다. 그래서 그 집은 일부러 2년의 간격을 두고 예약을 잡아준다.'

TV에 나온 게 우연일까. 이 책을 만난 게 우연일까. 이석원 작가의 책 속 내용이 사실이라면, 2024년 7월이 오기 전까지 내가 궁금해하던 것이 해결될 수도 있지 않을까. 약속한 그날, 다시 거기를 찾아갈지 어떨지 알 수 없지만, 일상에 집중하며 잊고 살아가야겠다.

나를 보는 시선과 편견을 대하는 방법

　나의 MBTI는 ENFP지만, 내성적이고 소심하고 조용하기도 하다. 상대방에게 먼저 다가가지 않는 편이라 친구들과 친해지기까지 최소, 한 계절은 걸린다. '의외로 착하다, 해맑다, 괜찮다.'라는 피드백을 주로 받지만 차가워 보이고, 도도해 보이고, 새침해 보여서 싹수없는 줄 알았다는 이들도 상당수다. 어린 시절에는 그런 선입견에 상처도 많이 받았다. 어른이 되며, 날아오는 화살을 피할 수 있는 눈이 생겼다. 아니, 내면이 훈련되었다고나 할까. 나를 바라보는 좋지 않은 기류는 금방 알아차린다. 어느 정도의 편차는 있지만 대개 정확했다. 상대방이 가지는 시선과 편견은 일단 피하는 게, 할 수 있는 최선이었다.

아이를 낳고 엄마가 되어도, 여전히 그런 시선과 편견은 평행선을 달렸다. '포실하게 살아서, 걱정 없이 자라서, 시집 잘 가서.' 등 뒷말이 따라다닌다. 나는 넉넉한 환경에서 자라지 않았다. 아빠가 벌어오는 팍팍한 생활비로는 다섯 식구의 생계를 꾸려나갈 수 없어 엄마는 맞벌이를 택했다. 경제적 부담을 덜어드리고자 수능 시험이 끝남과 동시에 아르바이트를 시작했다. 만만치 않은 삼 남매의 사립대학 등록금은 고사하고, 어떻게든 살림에 보탬이 되고자 일을 놓지 않았다. 대학 동기들끼리 삼삼오오 떠나는 배낭여행 같은 건 다른 세상 삶이었다. 대학 졸업 후 인턴직으로 일하면서 받은 월급, KTX 승무원으로 일하며 받은 월급도 억척스럽게 모았다. 20대 시절을 통틀어, 경제활동을 하지 않은 날은 다 끌어모아도 한 달 채 되지 않는다.

2011년이 되던 해, 서른의 나이에 결혼했다. 대학 동기, 회사 동료, 친구들이 파도타기 하듯 식장으로 향했다. 7년 연애를 끝으로 식을 올렸지만, 남편도 나도 양가로부터 경제적인 지원을 받지 않았다. 남편은 자영업을 하면서 번 돈으로 결혼 전, 24평 아파트를 마련했다. 나는 직장생활을 하며 모은 돈으로 혼수를 채웠다. 복도 식인데다 주방 겸 거실로 되어 있어 2인용 식탁을 둘 만한 공간도 넉넉하지 않았다. 베란다 건너편에 보이는 아파트를 보며 다음에 살고 싶은 집으로 찜해뒀다. 결혼하고 얼마 지나지 않아, 5년 동안 침체되어 있던 부동산 경기가 들썩이기 시작했다. 첫째를 품고 있는 동안 알뜰살뜰 모은 돈, 시세차익, 융자를 보태 이사했다. 둘째를 배 속에 품고는 신혼집 베란다 너머로 바라보았던 아파트로 이사했다. 두 아들 키우는데 적격이라며 필로티 층에서 8년을 살다가, 둘째의 입학을 앞둔 지난해에 옆 동네로 옮겼다. 학군이 뛰어난 곳이라, 입구만 나서도 학원들이 줄지어 있다. 아이 학교, 학원, 남편 업장이 몰려 있어 여기로 온건 모르고 교육열 때문에, 시집 잘 가서, 팔자가 편해서라며 대놓고 말하는 이도 있다. 실제로는 예체능 위주의 교육을 하고, 중고 시장을 애정하고, 내년에는 어디로 옮겨야 할지 알아보는 중인데 말이다,

나는 똑똑한 편이 아니다. 독서를 많이 한 것도 아니다. 지식도 얕고 상식도 부족하다. 그러기에 어른이 되어서도 공부에 매달린다. 겉모습만 보고 속단하는 사람들이 있다. KTX 승무원 출신이란 말만 듣고 외모만 멀쩡하다고 생각하는 사람도 있다. '의외로 독서를 좋아하네. 의외로 배우는 거 좋아하네. 의외로 스펙도 좋네.' '의외'라는 단어는 의외로 힘이 세고, 상처가 되고, 묘한 뜻을 품고 있다.

내 이름 석 자가 적힌 책을 출간하기 전이었다. 친분 있는 작가들이, 책을 내고 나면 주변 사람들이 정리된다는 조언을 건넸다. 결혼식이나 장례식과 같은 경조사를 한 번 치르고 나면 인간관계가 정리되는 것처럼, 출간도 그렇다 했다. 다수가 겪는 과정이니 서운해하거나 상처받으면 안 된다는 말을 들을 때마다 한쪽 귀로 흘려보냈다.

책이 나왔다. 첫 번째 개인 저서인 만큼 가족, 친구, 지인들에게 홍보했다. 한 사람이 몇 권씩 사서 주변에 선물로 나눠주는 이도 있었고, 내가 해야 할 홍보를 대신해 주는 이도 있었고, 티 내지 않고 이벤트를 진행해 준 지인도 있었다. 인생을 허투루 살지 않았다는 생각에 마음이 촉촉해졌다. '앞으로 더 잘해야지, 보답하며 살아야지.' 고맙다는 단어에 진심을 다 담을 수 없음이 안타까웠다.

출간하고 한 달 동안 정신이 없었다. 홍보하고, 글 쓰고, 번 아웃에서 탈출하느라 여유가 없었다. 나중에서야 알게 되었다. 그 말이 사실이라는 걸. 읽지는 않더라도 구매는 했을 거라 여겼는데, 그렇지 않은 지인이 있었다. 출간 직전까지만 해도 멋지다고, 대단하다고, 축하한다고 했었는데. 서운하지만 표현하지 않았다. 그들 중 다수가 용건이 있을 때만 연락하거나 뒷말을 던지던 사람이란 걸 눈치챘다.

친분을 형성하기까지는 첫인상만으로 상대방을 판단하는 경우가 많다. 나도 그러하기에 옳다고, 그르다고 할 수 없다. 그렇지만 잘 알지도 못하면서, 스스로 내린 판단으로 상대방을 결론짓고 상처까지 줄 필요가 있을까. 어른이 되며 그런 시선과 편견을 대하는 방식이 생겼다고는 하지만, 매 순간 그럴 수 있는 건 아니다. 나와 비슷한 오해를 자주 받는 친구를 만나면 콧김을 발사하며 서로의 속내를 털어놓는다. 말끔하게 해소되진 않지만, 고개를 끄덕인다. 모든 사람이 나를 좋아할 수 없다. 아무리 애써도 적군은 생기게 마련이다. 그런 사람으로 인해 감정 다치면 나만 손해다. 그럴 시간에 긍정적인 영향을 주고받는 이들과 소통하고, 공부하고, 마음을 다잡으며 나를 보는 부정적인 시선과 편견에 맞설 것이다.

흙탕물에 물들지 않는 연꽃이 되자

연꽃: 아시아 남부와 오스트레일리아 북부가 원산지이다. 진흙 속에서 자라면서도 청결하고 고귀한 식물로, 여러 나라 사람에게 친근감을 준 식물이다. 연못에서 자라고 논밭에서 재배하기도 한다. 뿌리줄기는 굵고 옆으로 뻗어가며 마디가 많고 가을에는 특히 끝부분이 굵어진다. [출처: 네이버 지식백과]

나에게는 두 개의 이름이 있다.

서른넷의 나이에 박지연으로 개명할 즈음, 나를 둘러싼 모든 기류는 불안정했다. 언제 어디서 토네이도가 휘감아도 이상하지 않았다. 사방팔방을 돌아다니던 반경은 집, 유치원, 놀이터로 축소되었다. 두 아들이 자식이자, 친구이자, 말벗이었다. 그나마 아이 친구 엄마가 어른 대화 상대가 되어주었다. 자영업을 하는 남편은 하숙생과 다르지 않았다. 평일에는 일하고 주말에는 취미 종합세트를 즐기니, 집 안에서도 스치는 게 전부였다. 가족이 있는데, 보금자리가 있는데도 외로웠다. 외롭다고 말할 수 있는 곳도, 상대도 없었다. 혼자 삼키며 버렸지만, 거세게 다가오는 부정적인 감정에 물들지 않을 수 없었다. 조금씩 나를 갉아먹던 그 감정은 공감, 위로, 배려라는 단어도 삼켰다. 웃음기가 사라진 건 물론이고, 세상을 비뚤게 보는 능력만 키워갔다.

주말에 놀이터에 가면 엄마 혼자 아이를 데리고 나온 집은 우리뿐인 것 같다. 놀이터에는 두 개의 그네가 있다. 아빠가 밀어주는 아이와 달리 우린 아니다. 첫째의 그네를 밀어주다가도, 둘째가 부르면 달려가야 한다. 그러는 사이 첫째가 옆에 있는 아이를 보며 "우리 아빠는 주말에도 일해서 못 나오는데."라고 한다. 그 말에 옆에 있는 아빠가 밀어준다. 고마움을 말하는 순간마다 화병으로 괴로웠지만, 그조차도 무뎌졌다.

20개월 터울인 두 아들의 발은 땅과 공중을 오갔다. 층간소음을 피하려 저층으로 이사했는데 집은 또 다른 놀이터였다. 잠시만 한

눈을 팔아도 구석구석에 미니 자동차와 레고 조각이 세워진다. 양치 컵으로 물을 떠서 거실 바닥에 쏟아붓고 그 위에 수건을 깔아 스케이트 타며 놀기도 했다. 발로 밟거나 미끄러지지 않으려 사이사이를 피해 다녔지만, 명치에서부터 올라오는 화를 누그러뜨리지 못하고 소리 지르는 날이 많아졌다.

그렇다고 매 순간 힘들었던 건 아니다. 아이가 웃으면 나도 웃었고, 아이가 아프면 나도 아팠다. 아이가 즐거우면 나도 즐거웠고, 아이가 밥을 맛있게 먹으면 먹지 않아도 배가 불렀다. 단지, 모나게 바뀌는 성격이 작은 불씨도 산불처럼 느껴지게 했다. 성격 파탄자가 될 것 같았다. 이미 그렇게 되고 있었다. 내가 나를 돌봐준다면 나아질 수도 있지 않을까. 공허한 감정을 배움으로 채워나갔지만 내 안의 검은 감정까진 없애주지 못했다.

아이들이 다니는 미술학원에 갔다. 원장님이 논문을 쓰는 중인데 첫째 은준이와 협조를 해달랬다. 아이와 함께 매주 1회씩, 10주간 진행하는 연구라며 첫 번째 과제로 비 오는 날 아이와 노는 모습을 그려 달라고 했다. 실력은 중요하지 않으니, 아이가 수업할 동안 편하게 그려 달랬다. 한참을 멍하게 보다가 빈 도화지를 채웠다. 수업을 마친 후, 그림을 건네받은 원장님 표정이 어두워졌다. 은준이는 장화를 신은 채 물웅덩이에서 첨벙거리고, 하진이는 거기에 돌멩이를 던지고 있고, 나는 한 발짝 떨어져 우산을 쓰고 그 광경을 바라보는 장면이었다. "어머님 지금 스트레스가 너무 심한 거 같아요. 10회차까지 마무리하고 나서 말씀드릴게요." 그러나 그날 이후 협조를 구하지 않았다.

한 해, 두 해가 지나갔다. 매일 같은 일상을 보내는 와중에도 아이는 저마다의 속도로 자랐다. 일곱 살 된 은준이는 내년이면 초등학생이다. 생각만 해도 걱정됐다. 사교육의 힘을 덜 빌리면서 아이를 잘 키울 수 있는 공부를 찾다가 유대인 자녀 교육법인 하브루타를 알게 되었다. 하브루타는 짝과 대화를 주고받는 거라는데 제대로 '대화'라는 걸 한 지가 언제인지 모르겠다. 주입식 교육을 받고 자란 세대라 낯설다. 질문의 힘을 믿으라며 어떻게든 물어보게 했다. 그림책을 읽고 그림과 글 속에서 생긴 궁금증을 질문으로 만들기 시작했다. 다수의 수강생이 비슷한 또래 아이를 키우는 엄마여서 그런지, 자기의 경험을 빗대어 묻고 답했다. 어른 사람과 대화다운 대화를 하는 게 얼마 만인가. 2급 자격증을 수료하자마자, 1급 자격증에 도전했다. 공감할 수 있는 사람이 있다는 것만으로도 설레었다. 아이들을 잘 키워보겠다고 시작한 공부가, 나를 성장하게 했다. 배움의 깊이를 더하고, 다른 것을 배워 갈수록 검은 감정은 빛바래졌다. 개명 후 몇 년이 지났음에도 불러주지 않던 이름. 공부를 시작하며 박지연으로 살기 시작했다.

그 전의 이름은 '연옥'으로 연꽃 연(蓮), 구슬옥(玉) 한자를 썼다. 어감이 촌스럽다는 이유로 바꾸긴 했지만, '연꽃처럼 연하게 구슬처럼 귀하게'라는 뜻만은 놓고 싶지 않다.

연꽃은 진흙에서 살아도 본연의 자태를 지키며 산다. 흙탕물이 넘치는 환경에도 동요되지 않고 꿋꿋하게 자란다. 불교에서는 모든 신자가 연꽃 위에 신으로 태어난다고 한다. '당신은 아름답습니다. 청순합니다.'라는 꽃말도 가지고 있다.

현재는 안정권에 들어섰지만, 언제 또다시 흙탕물에 잠길지 모른다. 이제는 그 속에 묻히지 않고 꿋꿋하게 버티는 힘을 기를 것이다. 그러다 보면 일연스님이 쓴 『흙탕물에도 물들지 않는 연꽃처럼』의 제목처럼 어떤 환경에서도 나를 아름답게 지킬 수 있지 않을까.

"오늘 바쁘지? 내가 애들 픽업해 줄까?"

"나한테 좋은 주제가 있는데, 같이 써볼래?"

"글 써야지요. 강의도 해야지요. 일단 시작하세요."

"그래서 엄마 책은 언제 나와요?"

돈을 빌려야만 빚을 지는 게 아니다. 빌린 돈에만 이자가 붙는 게 아니다. 신세 지는 것도, 도움을 받는 것도 마찬가지다. 경력단 절 주부로 살다가 새로운 일을 하게 되니 도움의 손길이 필요했다. 그들의 지지가 없었더라면 중도하차 하거나 더디게 왔을지도 모른다. 받을 때마다 미안하면서도 고맙다. 즉각 보답하고 싶지만, 그렇지 못할 때가 많다. 마음의 이자를 얹힌다. 그들과의 인연이 끝나지 않는 이상, 사는 동안 수타면처럼 가늘고 길게 갚으려 한다.

첫 번째로, 동네 주민이자 육아 동지들이다.

반찬거리를 나눠주고, 장난감을 빌려주고, 공동 육아를 하며 몇 년째 이어져 온 육아 품앗이였는데, 일을 시작하면서 도움받는 날이 많아졌다. 일정에 차질이 생기거나 동선이 꼬이는 날이면 양가 어른들께 부탁했는데, 그렇게까지 할 필요 있냐며 흔쾌히 운전대를 잡아준다.

집에서 온라인 수업을 진행해야 하는 날에는 남편이 근무 시간을 조정하지만, 그렇지 못한 날도 있다. 아직은 시끌벅적하고 활발한 아이들이라 방이나 거실에서 들리는 소리에 신경이 쓰인다. 나의 고충을 읽기라도 한 듯, 기꺼이 아이들을 데려가서 봐주는 이들 덕분에 순조롭게 이어갈 수 있었다.

두 번째로, 앞에서도 여러 번 언급했듯이 공부를 목적으로 만난 일곱 명의 선생님이다. 자기 계발을 목적으로 만난만큼 공유하는 것이 분명하고 목표도 뚜렷하다. 혼자 공부하는 것에서 끝났다면, 자격증은 취득과 동시에 서랍에서 잠만 자고 있었을지도 모른다.

독서 모임, 수업디자인, 그림책 모임, 자격증 취득, 북토크, 공동저서 출간 등 각자의 자리에서 자기 계발하며 동반 성장하는 중이다.

우리는 프로젝트 그룹처럼 따로 또 같이 일한다. 현재, 이들 중 네 명과 공통 관심사를 담은 책을 집필 중이다. 일 외에도 같은 취미가 있다 보니 매일 소통하고 일주일에 한 번 이상 만난다. 모일 때마다 글로 엮어낼 소재거리가 넘쳐나는데, 기억에서 사라지는 게 아쉬워 한 권의 책에 담기로 했다. 혼자 쓰는 글과 달리, 함께하는 이가 있다는 것만으로 힘이 된다. 각자 하는 일을 우선시하며 작업하기에 빠르지도 느리지도 않은 속도를 유지하며 다음 단계, 그 다음 단계로 넘어가고 있다. 바쁜 일상에 지칠 때도 있지만 격려와 응원을 주거니 받거니 하며 순조롭게 나아가고 있다.

세 번째로, 글쓰기를 지도해 주는 이은대 작가님이다. 글쓰기 수업은 종료 시점이 정해져 있지 않다. 무료 재수강이 가능하다. 매주 1회씩, 한 달에 4회차로 진행되는 강의는 매달 다른 내용으로 진행된다. 정규수업 외, 글쓰기와 관련한 기타 프로그램을 통해 실력 향상은 물론 동기부여도 받는다. 책을 집필하다 보면 몇 번의 고비가 찾아온다. 생각만큼 써지지 않거나, 마음에 들지 않거나, 내키지 않을 때가 있다. 그런 날은 쓰기를 멈추고, 수업에 집중한다. 부정적 쓰나미가 밀려오는 걸 눈치라도 챈 듯, 글 쓰라고 호통치고 목

탁도 두드린다. 정신이 번쩍 든다. 마음을 다잡고 똑바로 앉아 연필을 든다. 수업 후 남은 여운은 실행으로 연결한다. 1년에 한 권씩 출간한다고 설정한 목표도 작가님의 영향을 받은 것이 분명하다.

네 번째로, 가족이다. 배움과 일을 시작하고 난 후로, 아이들에게 집중할 수 있는 시간이 줄었다. 아이들 스스로 할 수 있는 게 많아진 것도 있지만, 바빠진 엄마로 인해 어쩔 수 없이 해야 하는 날도 있다. 오전 일찍 일정이 있어 나가야 하는 날이면 아이들끼리 등교 준비를 해야 한다. 갈아입을 옷이나 책가방을 챙겨두긴 하지만, 알람 소리에 맞춰 일어나 씻고 아침 먹고 걸어가야 한다. 평소보다 잘하는 모습을 볼 때면 미안하고 안쓰럽고 고맙다. 하교 후에도 알아서 학원 다녀오고, 간식 챙겨 먹고, 숙제하고 과제 준비하는 날이 많아진 아이들은 걱정과 달리 잘해주고 있다. 엄마가 작가라서 좋다고 말하는 아이들은, 다음 책은 언제쯤 나오냐고 여러 번 묻는다. 그 물음에 답하고 싶어, 더욱 글에 매달리게 된다. 자영업을 하는 남편도, 나의 일정에 맞춰 근무 시간을 조정한다. 전보다 취미 생활과 모임을 줄이고 지지해 주는 덕분에 한시름 놓는다.

대단한 성과를 이룬 게 아님에도 도움을 준 이들이 많다. 다 적지 못해 안타까운 건 다른 방식으로라도 전하고 싶다. 이러한 내용은 감사의 글에 실어도 되지만, 한 줄로 축약할 수 있는 고마움이 아니라는 판단이 들었다.

그들과의 인연을 길게 이어가고 싶다. 육아 동지들과는 아이들과 함께 나이 들어가고 싶고, 배움을 하는 이들과는 지금처럼 따로 또 같이 성장하고 싶고, 이은대 작가님은 건강하게 오래 사셨으면 좋겠고, 어쩌다 독립심을 키우게 된 아이들은 큰일도 스스로 할 수 있으면 좋겠다.

1억을 빌려 매일 100원씩 갚는다는 마음으로 살고 싶다. 이자까지 더하면 죽을 때까지 다 갚지 못하겠지만 살면서 조금씩 갚고 싶다. 그만큼 곁에 오래도록 함께하길 바라는 마음이다.

만학도, 나이는 중요하지 않다

"학교 다닐 때 열심히 했어야지."

"하라고 할 때 안 하고 왜 이제야 그러니?"

늦은 시기에 배움에 진심인 나를 보며 가족부터 지인들까지 비슷한 말을 한다.

초등 6년, 중등 3년, 고등 3년, 12년만 공부하면 책과는 담을 쌓고 살 줄 알았다. 고등학교 입학과 동시에, 선생님들은

"3년만 참으면 된다. 3년만 참고 대학 가서 하고 싶은 대로 하고 살아라. 지금 참으면 미래 신랑감이 달라진다." 했다. 수능시험만

끝나면 드라마에 나오는 대학생들처럼 풋풋하고 낭만 가득한 날만 보내게 될 줄 알았다.

대학 입학을 앞둔 2월 어느 날. 오리엔테이션에 참석하라는 안내장이 왔다. 고기와 술을 파는 식당에 새내기 학생들과 학번이 다른 선배들이 모였다. 선배들부터 술잔을 들며 소개를 이어갔다. 남녀노소 가릴 거 없이 술잔으로 파도를 탔다. 환영식이라 그런가 보다 했는데 입학 후에도 그랬다. 수업이 끝나면 정문이나 후문에 있는 술집으로 모였다. 자정을 넘기는 건 기본이고 다음 날 첫차로 집에 들어가는 날도 있었다. 내가 술을 마시는 건지, 술이 나를 마시는 건지 알 수 없다. 우리 집에서 캠퍼스까지는 완전히 반대편이다. 한 번 만에 가는 버스가 없는 건 물론이고 집까지 한 시간 반 이상 걸렸다. 막차 시간표를 핑계로 먼저 나오는 날도 있었지만, 술자리가 늘어난 만큼 공부로부터 멀어져갔다.

대학 3학년이 되었다. 2년 뒤면 취업해야 하는데 어떤 일을 해야 할지, 어느 회사에 가야 할지, 가고 싶은 곳에 갈 수 있을지 막막했다. 토익, 토플, 대기업, 공기업 입사 준비를 위한 스터디 인원을 모집한다는 글이 학과 게시판과 홈페이지에 도배되었다. 전공과목과 별도로 취업을 위해 준비해야 할 공부는 보기만 해도 지끈거렸다. 다들 열심히 하는데도 합격 소식은 가뭄의 단비처럼 찾아왔다.

'지잡대라고 불리는 지방대 출신들은 서류 문턱부터 낮다, 통과된다 해도 면접 문을 넘어서기 힘들다, 입사해도 견디기 힘들다.' 등 부정적인 말이 돌고 돌았다. 불안한 마음에 부전공, 복수 전공을 택하며 계절학기를 수강하는 학생도 늘어갔다.

그들과 달리 나는 국외, 국내 항공사 승무원 준비에만 매달리던 터라 관련 학원에 다니며 토익시험에만 매진했다. 다른 학생들에 비하면 공부하는 양은 적었을지 몰라도 1년 이상 내실을 다졌고, 면접 준비에 상당한 공을 들였다. 졸업 후, 싱가포르 창이공항에 인턴 지상직 승무원으로 일하게 되며 대학 공부를 마무리 지었다.

인턴 생활을 마치고 한국으로 돌아와 KTX 승무원이 되었다. 입사 후로는 업무에 필요한 공부만 했다. 여행 규정, 약관, 고객 응대 방법이 배워야 할 전부였다. 회사업무와 관련된 공부만 하다 보니 상식도 줄고 머리가 비어갔다. 영어학원이나 운동을 다니고 싶어도 불규칙한 근무 일정으로 등록할 곳을 찾기 어려웠다. 집은 대구지만 부산지사로 발령받아 출근만 해도 2시간 이상 소요됐다. 지루함을 달래고자 사각 마그넷 크기의 아이팟을 구매했다. 기능을 만지작거리다 팟 캐스트라는 채널을 누르게 되었다. 그날부터, 출퇴근 길에 KBS 2FM 라디오에서 진행하는 〈이근철의 굿모닝 팝스〉를 들으며 공부했다. 재미가 붙은 영어에 유창함도 더하고 싶어,

정해진 시간표 없이 1대1 방식의 원어민 수업을 들을 수 있는 학원을 찾아 등록했다. 시험이 아닌 말을 하기 위한 공부는 처음이었다. 완벽하든 아니든 입 밖으로 내뱉으니 꿈에서 영어로 말하기도 했다.

달걀 한 판을 채운 나이에 접어들며 대학원에 진학했다. 결혼을 앞두고 마음이 혼란스러웠다. 출산 후에도 이 일을 할 수 있을지 의문이었다. 한 달에 네 번에서, 많게는 여덟 번까지 숙박 근무를 해야 했다. 육아를 핑계로 나만 빼달라고 할 수도 없다. 현실을 이기지 못하고 퇴사하는 선배들을 보며 뭐라도 해둬야겠다는 심정으로 석사 과정을 밟았다. 학업보다는 경력을 쌓고 싶어 시작한 공부인데 학문의 깊이가 남달랐다. 직장인이 많은 관광 대학원에 가지 않고 일반대학원으로 입학하니 학부에서 올라온 학생이 다수였다. 서른의 나이로 입학했으나 왕언니였다. 대학 시절처럼 대충할 수 없었다. 대학원 수업은 과제 발표도 많았다. 국내외 논문을 검색하고, 해외 사이트에서도 자료를 찾아야 했다. 원서로 진행되는 수업은 사전학습도 필수였다. 수학을 피하러 문과를 택했는데 학기마다 통계 수업이 있다. 숫자가 해석되지 않았다. 최선을 다했건만 B+를 받았다. 다음 학기가 시작되기 전, 통계 관련 온라인강좌를 수강했다. 40만 원에 달하는 수업료를 결제하고 하루 두 시간씩,

두 달 동안 예습한 결과 다음 학기에는 A+를 받을 수 있었다. 첫째 아이를 배에 품고 마지막 학기까지 다녔다. 대구에서 서울까지 일주일에 두 번 이상 KTX에 몸을 싣고 오가며 논문을 마무리했다.

학창 시절부터 끊임없이 배움을 이어오고 있지만 겹치는 분야가 없다. 매번 새로운 것에 도전하느라 바쁜 일상을 보내고 있다. 그렇다고 해서, 현재하고 있는 것이 배움의 종착지도 아니다. 서예, 티 브랜딩, 역사 하브루타, 심리학 등 마음속에 대기 중인 리스트만 해도 한 줄을 채운다.

"학창 시절에 이만큼 했으면 서울대는 갔겠다."라는 말을 들을 때마다 피식 웃는다. 남이 강요하는 공부가 아닌 내가 하고 싶은 공부, 사회가 필요로 하는 공부가 아닌 내가 필요한 공부, 외적 동기가 아닌 내적 동기가 발산된 공부를 하니 몸은 고되지만 즐겁다. 가지고 있는 모든 열정을 쥐어짜 끊임없이 배우며 살고 싶고, 그렇게 살아갈 것이다.

'배움에는 나이가 없다.' 어릴 땐 이해하지 못했던 그 말이, 이제야 이해가 된다.

이런 어른으로 나이 들고 싶다

　3월 어느 날. 수영 수업을 마치고 나오니 내 차 앞에 누군가 서 있었다. 같은 반에서 강습받는 회원이었다. 급하게 주차하다가 내 차 왼쪽 범퍼를 박았다 했다. 메모를 남겨 놓았음에도 운동하는 내 내 마음이 편치 않아 차주를 기다렸는데, 아는 얼굴이라 더 미안하다 했다. 어른에게서 사과의 말을 듣는 게 어색했다. 그만 미안해 해도 된다고, 오래 탄 차량이라 긁힌 곳이 많아서 괜찮다고, 연락 드리겠다는 인사를 남기고 헤어졌다. 보험회사에서는 수리 맡기는 동안 다른 차량을 빌려주겠다고 했다. 하루에도 몇 번씩 시동을 걸어야 하니, 내 차가 아니면 불편하다. 가벼운 사고에 부담 주고 싶지 않았다. 이틀을 넘기지 않아 미수선 처리로 마무리 지었다. 며칠 뒤, 고맙다는 메시지와 함께 커피 쿠폰이 도착했다. 받아도 되나 망설여졌다. 나중에 같이 마시자며 고마움을 전했다.

마흔을 사는 동안 수많은 사람을 만났다. KTX 승무원으로 근무하는 동안은 여러 유형을 만나고 대했다. 저런 어른이 많았더라면 덜 고됐을지도. 다양한 사람을 대하면서 마음을 읽고, 대처하며, 타인을 이해하는 방식을 터득해갔다. 그 시절을 겪으며 닮고 싶은 이상적인 어른의 모습을 그리게 되었다.

첫째, 타인의 말에 귀 기울이는 어른이 되고 싶다. 승무원으로 근무할 때는 상대방의 말을 들을 수밖에 없는 처지였다. 승무원은 고객의 요구를 들어주고 도움을 줘야 하니 나를 내려놓을 수밖에 없었다. 일에 익숙해진 탓일까. 사석에서도 다른 사람의 말을 잘 들어준다는 평을 받던 내가, 유니폼을 입지 않게 되며 덜해졌다. 상대방의 하소연에 나도 그런 적 있다며 되받아치는 날이 많아졌다. 나이 들수록 귀는 열고 입은 닫아야 한다는데, 그런 어른으로 나이 들고 싶다.

둘째, 도움을 주는 어른이 되고 싶다. 중학교 때 만해도 간간이

봉사활동을 했다. 관공서, 장애인 복지관에 가서 손을 거들었지만 어른이 되고 나서는 발길을 끊었다. 작년부터 봉사활동을 하자고 결심했지만, 아직도 실천하지 않고 있다. 교육 사각지대에 있는 아이들에게 책을 읽어주고 독서 수업도 해주고 싶다. 요리하고, 청소하고, 소정의 기부도 하고 싶은데 여전히 다이어리 글 속에만 갇혀 있다. 아이 학교에 녹색 어머니 교통 봉사와 도서관 업무지원 도우미로 활동하는 게 전부라, 내년부터는 범위를 넓혀나가며 도움을 주는 어른으로 나이 들고 싶다.

셋째, 감정조절이 가능한 어른이 되고 싶다. 승무원으로 근무하는 동안 감정 기복이 심한 고객을 자주 만났다. 승차와 동시에 화를 낸다. 기차는 맨날 연착한다는 둥, 승무원은 보이지 않는다는 둥, 자리는 왜 이리 좁다는 둥. 온갖 것들로 트집 잡고 욕설을 내뱉기도 한다. 기운이 빠진다. 왜 이리 역정을 내는지 모르겠다. 감정 쓰레기통인가. 겨우 빠져나와 다른 객실 업무를 보고 돌아오면 잠들어 있거나, 못 본 체하거나, 아무렇지 않은 척하고 있다. 다 털어놔서 괜찮아진 건가. 고스란히 받은 나만 괴롭다. 그들을 거울삼아, 감정조절을 잘하는 어른으로 나이 들고 싶다.

넷째, 친절한 학모가 되고 싶다. 나에게는 우리 아이를 가르치는 선생님이 나의 선생님이고 은사님이다. 가르쳐주는 것만으로도 감사하기에 인사를 아끼지 않는다. 다들 내 맘 같지 않은가 보다. 아이들을 지도하다 보면 학부모들을 만나게 된다. 고마움을 표현하는 부모도 있지만 간혹 하대하는 분도 있다. 속상하지만 삼킨다. 아직 10년 이상 배워야 하는 아이들을 떠올리며, 고마움을 전하는 친절한 학모로 나이 들고 싶다.

다섯째, 유쾌한 어른이 되고 싶다. 5분을 만나도 기운을 주는 사람이 있고, 기운을 뺏는 사람이 있다. 나는 기분이 극도로 좋지 않은 상황에서는 타인을 만나려 하지 않는다. 혹여 나의 흐린 기류가 상대방의 감정에 스며들게 될까 봐, 그 사람의 하루를 망치게 될까 조심스럽다. 누구에게라도 털어놓지 않으면 죽을 거 같은 날은 어느 정도 감정이 누그러진 후에 말한다. 평상시에는 사람들과 가벼운 농담과 진지한 대화를 적절하게 주고받으며 좋은 기운을 주고받는 편이다. 즐거운 마음으로 웃고 떠드는 게 좋은 지금처럼, 유쾌한 어른으로 나이 들고 싶다.

여섯째, 호감 가는 어른이 되고 싶다. 사람을 상대하는 일을 오래 해서 그런 걸까. 첫 이미지만으로 상대방을 파악하면 안 되지만, 대체로 예상과 맞아떨어진다. 첫인상이 과학인 걸까, 내 촉이 과학인 걸까. 처음 만났지만, 이야기를 나눠보고 싶거나 친분을 형성하고 싶어지는 사람이 있다. 먼저 다가가는 편이 아님에도 그런 사람을 보면 괜히 한마디 걸고 싶고, 가벼운 대화라도 나누고 싶다. 나도 그렇게 호감 가는 어른으로 나이 들고 싶다.

마지막으로, 티 내지 않는 어른이 되고 싶다. 부자는 티를 내지 않는다. 잘난 사람은 떠벌리지 않는다. 맡은 일을 잘하는 사람은 과시하지 않는다. 티를 내는 사람을 보면 존경하던 마음도 신기루처럼 사라진다. 적당한 칭찬과 자화자찬은 마땅할 수도 있지만, 지나친 자기과시는 상대방을 불편하게 한다. 아직은 그럴듯하게 내세울 게 없어서 이렇게 말하는 건지 모르지만, 그렇게 된다 해도 티내지 않는 어른으로 나이 들고 싶다.

나이가 들수록 닮고 싶은 성격이나 성향이 생긴다. 경청하고, 도움을 아끼지 않고, 감정을 절제하고, 고마움을 표현할 줄 알고, 유쾌하고, 호감을 주며, 감정을 절제하고, 티 내지 않는 어른이고 싶다. 그 외에도 절제된 말, 부드러운 말투, 신중한 생각, 차분한 행동, 지혜도 갖고 싶다. 모든 걸 갖추는 건 불가능할지 몰라도, 의식적으로 통제하고 노력한다면 절반 이상은 가질 수 있지 않을까.

오늘도 웃고, 웃고, 또 웃는다

청소기를 돌리다 잠시 멈춘다. 깔끔하게 보이는 공간을 찾아 핸드폰을 든다. 셀카 앱을 켜고 3초 타이머를 누른다. 하나, 둘, 셋. 확인 후 취소 버튼을 누른다. 다시 피사체에 얼굴을 들이댄다. 미세한 조명을 받도록 사선 방향으로 얼굴과 자세를 튼다. 하나, 둘, 셋. 뭔가 아쉽다. 마지막으로 한 번만 더. 하나, 둘, 셋. 저장 버튼을 누르고 '발표 불안 극복' 소모임 방에 미소 셀카 인증을 올린다.

"지연 보배님, 미소가 자연스러워요."
"웃을 때 눈도 반달 모양으로 변하네요."

서로 보고 배우는 사이라는 뜻으로 '보배님'이라며 호칭을 부르는 회원들의 댓글이 달린다. 마흔이 넘었음에도 칭찬에는 여전히 어깨가 들썩인다.

원래부터 미소가 자연스러웠던 건 아니다. 대학 시절, 스튜어디스가 되는 게 꿈이었다. 학점 관리와 토익 공부보다 면접 준비가 어려웠다. 예쁜 얼굴보다는 자연스러운 미소와 선한 인상을 가져야 한다는데 자신 없었다. 잘 웃는 편이긴 했지만, 웃는 얼굴은 못생겼다. 젖살이 많은 볼살은 눈꼬리를 밀고 올라갔다. 볼에 엄지와 검지 끝을 말면 500원짜리 달걀이 만들어졌다. 딱 그만큼 떼어내고 싶었다. 투피스 정장을 말끔하게 차려입고 전신사진을 찍으러 갔다. 승무원처럼 메이크업을 받고, 이마를 가린 앞머리를 올려 스프레이로 고정한 후 로우번 스타일로 묶었다. 평소보다 자연스럽고 예쁜 미소가 나오길 바라며 카메라 앞에 섰다. 허리를 곧게 세우고 공수 자세를 한 후 자연스러운 미소를 지으려는데 얼굴이 통제되지 않았다. 눈은 그대로 뜨고 있고 입만 웃었다. 양쪽 입꼬리가 45도 각도까지는 올라가야 하는데 움직이지 않았다. 투명색 실만 있으면 양쪽에서 잡아달라고 하고 싶었다. 억지로 찢으려니 다른 근육도 경직되기 시작했다. 입술마저 떨렸다. 허리와 다리도 아팠다. 사진 찍어 주는 사장님 표정이 어두워졌다. 뒤에 대기하고 있는 사람들 소리가 들렸다. 한 장이라도 건져보자는 심정으로 수십 번의 셔터를 눌러 마무리했다. 최대한 고친 티가 나지 않는 선에서 수정했지만, 사진 속 미소는 여전히 마음에 들지 않았다.

웃는 얼굴에 자신이 없다고 해서 꿈을 포기할 수는 없었다. 평생 앞머리로 이마를 덮고 살다가, 스프레이를 뿌려 올린 후 똥머리를 하고 나타났다. 웃는 얼굴이 못생긴 게 아니라 그냥 못생겼다. 옆에 있던 친구가 직격탄을 쏘아댔다. "다시 내려!"

사실적인 내 얼굴에 적응이 필요했다. 앞머리를 길렀다. 평소에도 단정하게 묶고 다녔다. 매일 하니 손도 빨라지고 못생긴 얼굴과 미소에도 익숙해졌다.

KTX 승무원이 되었다. 근무하기 전, 사무실에서 해야 하는 체크리스트가 있었다. 한쪽 벽면에 있는 커다란 거울을 마주 보고, 서 있는 자세로 인사연습을 한다. 간단한 입 운동으로 표정근육을 풀고 눈, 입, 얼굴에 미소를 퍼트려야 한다. 입꼬리를 올린 채로 "반갑습니다, 고객님. 환영합니다, 고객님."을 외치고 허리를 45도 앞으로 숙인다. 고개를 떨구고 있는 상태에서도 표정을 유지해야 한다. 연습을 마치고 서로 오케이 사인을 준다. 일하면서도 미소를 유지하다 보니 얼굴 전체 근육이 웃는 얼굴에 맞춰 변했다. 출근할 때마다 유니폼을 입으며 자본주의 미소도 함께 입었다. 억지스럽게라도 사용한 열일곱 개의 웃는 근육은 자연스러운 미소를 장착해갔다.

육아에 집중하는 몇 년 동안은 카메라 앞에 서지 않았다. 핸드폰 사진첩에는 아이들 모습으로 가득하다. 어쩌다 피사체에 담긴 모습을 보면 다른 장소, 같은 사람일 뿐이다. 사진마다 다른 표정을 짓는 건 아이들뿐, 입가에 살짝 미소를 얹은 게 전부다. 어쩌다 파파라치 컷으로 찍힌 사진 속 나는, 미간과 이마에 주름이 가득하다. 엄마 인상파 사진 응모전이 없어 아쉬울 지경이다. 필러를 맞았더니 웃을 때마다 미간이 당기고 눈이 감겼다. 시술은 더 치명타였다.

발표 불안 극복 수업을 수강하며 자존감 향상을 위한 훈련을 자주 받았다. 자연스럽게 미소를 지으라는데 오랜만에 웃으려니 어색했다. 표정근육이 경직되었나 보다. 카메라 속 웃는 얼굴이 낯설다. 몇 번을 찍어도 마음에 들지 않는다. 누르고 삭제하길 반복했다. 4회차 수업 끝에 미소를 되찾아갔다. 종강 후, 다수의 회원이 모여 있는 단톡방에 가입했다. 여기서는 자신감과 자존감 향상을 위해 매일 웃는 얼굴을 찍어 올려야 한다. 오전 5시도 채 되지 않아, 미소가 담긴 사진이 올라온다. 지금쯤이면 나도 찍어야 할 것 같다. 잘 나오지 않아도 밀려오는 글에 묻히면 된다. 앱을 켠다. 여전히 한 번 만에 오케이하는 날은 없지만, 인증을 마무리한다.

사람들에게서 자주 듣는 말이 있다. 웃는 얼굴이 이쁘다고. 입을 한 바가지 벌리며 눈과 코도 함께 웃는 모습을 보면 같이 웃게 되고, 절로 유쾌해지고, 속이 시원해진다고. 어쩌다 한 번 크게 터지는 날이면 눈물샘을 건드리기도 한다. 하루에 한 번 이상은 일부러 과한 미소를 짓고, 조금만 즐거워도 큰 소리 내고, 혼자 있어도 입꼬리를 올리고 있다. 밝은 인상이 좋은 나는, 웃는 얼굴의 효력을 믿으며 오늘도 웃고, 웃고, 또 웃는다.

결혼 전만 하더라도 자기계발서를 종종 읽었습니다. 넉넉한 종잣돈, 그럴듯한 직함, 화려한 경력을 가진 직장인이 되고 싶어서였죠. 두 아이를 낳고도 간간이 자기계발서를 읽긴 했지만, 완독은커녕 도중에 덮기 일쑤였습니다. 모든 문장이 직언하고, 일침 놓고, 지시하는 걸로만 들렸거든요. 눈에 담기는 내용 대부분이 거슬리기만 했지요. 저자와 내가 처한 상황 자체가 다른데 어떻게 할 수 있다는 건지 와닿지도 않았고요. 당장이라도 따라 하지 않으면 낙오자가 되는 거냐며 구시렁대며 읽었습니다.

몇 년 후, 같은 책을 다시 펼쳤는데 깨달음이 다르게 다가왔습니다. 맞는 말, 바른말, 깨우치는 말로 가득한데 그땐 왜 몰랐을까요. 마음이 단정하지도, 태도가 바르지도, 판단도 올바르지 않아 그랬

252

나 봅니다.

　요즘처럼 자기 계발 시장이 홍수일 때가 있었을까요. 서점에 가면 층층이 자기계발서가 놓인 코너가 있습니다. 도서관, 주민센터, 문화센터에 가면 문화강좌 수업도 다양하게 있어요. 2021년 기준으로 등록된 민간 자격증 수만 해도 5만 개가 넘는다고 합니다. 사람들이 이토록 자기 계발에 열광하고 열정을 쏟아붓는 이유는 뭘까요. 배우고 싶어서, 남들이 하니까, 백세시대를 준비하기 위해서일까요. 저마다 이유가 있겠지만, 저의 경우는 세 가지로 좁혀지고 있습니다.

　첫 번째, 경제적 여유를 얻기 위해서입니다. 돈이 전부가 아니라지만, 살아보니 돈이 8할은 족히 넘더라고요. 주머니 사정이 넉넉지 않으면 마음의 폭과 깊이도 커지지 못할 거 같습니다. 10대의 문턱에 있는 두 아들 밑으로 얼마나 많은 양육비와 교육비가 들까요. 스무 살이 되는 시점에 정신적, 경제적으로 완벽한 독립을 이루면 좋겠는데 자식 일이 그리는 대로 되지 않는다는 건 십 리 밖을 나서지 않아도 알 수 있더라고요. 저의 노후까지 더해지면 적신호가 요란하게 울립니다. 안정된 반열에 오르고 싶은데 아직은 좀 더 밑 단계에 머물러야 하는 걸 압니다. 그저 묵묵하게 지금처럼 기반을 다져 나간다면 언젠가는 여유로운 지점에 도착할 수 있지 않을까요.

두 번째, 단단한 자신감을 가지기 위해서입니다.

수영 선수 박태환, 축구 선수 박지성, 가수 김종국에게는 공통점이 있어요.

박태환은 약한 기관지를 이겨내려 수영을 시작했으며, 박지성은 넉넉지 못한 환경과 평발이란 핸디캡을 딛고 국가대표가 되었습니다. 김종국은 어릴 때 부러진 다리로 인해 뼈 길이가 달라질까 봐 운동을 시작했다고 합니다. 모두 자기가 가진 아킬레스건을 극복하려 애썼습니다. 애쓰고 보니 잘하게 되고, 그 분야의 최고가 되었습니다.

돌고 돌아 글 쓰는 삶에 정착했지만 본디 독서를 즐기거나 글을 쓰던 사람이 아니었습니다. 우연한 기회로 글을 쓰기 시작하며, 이왕이면 잘 써보자는 마음으로 도전장을 내밀었어요. 아직도 부족하다는 걸 알기에 더 많은 시간 매달립니다. 늘어가는 흰머리와 저하되는 시력을 느낄 때마다 괜히 이 길에 들어섰나 싶기도 합니다. 그러다, 출간되는 책을 보면 언제 그랬나 싶답니다. 조금 쉬었으면 하다가도 빈 종이를 마주하고 있는 나를 발견할 때면, 이런 자세면 어떤 일도 할 수 있을 거란 자신감이 생깁니다.

세 번째, 존재하기 위해서입니다. 김지수 작가가 쓴 『이어령의 마지막 수업』 중반에는 이런 글이 나옵니다.

'너 존재했어?'

'너답게 세상에 존재했어?'

'너만의 이야기로 존재했어?'

"남의 뒤통수만 쫓아다니면서 길 잃지 않는 사람과 혼자 길을 찾다 헤매본 사람 중 누가 진짜 자기 인생을 살았다고 할 수 있겠나. 길 잃은 양은 그런 존재라네."

아이들이 어릴 때만 해도 내 삶의 중심에서 나를 밀어냈습니다. 엄마라면 당연히 그래야 하는 줄 알았습니다. 어느덧 훌쩍 자란 아이들을 보며, 자리를 찾고 싶어졌습니다. 삶의 주체로 살아보려 시작한 배움이 연결되어 여기까지 다다르게 되었습니다. 앞으로도 좋아하는 일, 하고 싶은 일, 즐기는 일에 집중하며 내 인생의 주인공으로 존재하고 싶습니다.

집필을 시작하기 전, 내 안의 여러 페르소나를 꺼내 봤습니다. 프롤로그에서도 언급했듯이 가정 내의 역할을 포함하여 작가, 글쓰기 코치, 하브루타 및 슬로리딩 강사, 아이와 함께 동남아 한 달 살기 강사, 티(tea)소믈리에 등 일곱 가지나 되었습니다. 버겁지 않냐는 질문을 받기도 하지만, 아직은 해볼 만합니다. 각각의 페르소나

255

에 열정을 바치다 보면 어느 순간 정신적, 신체적, 경제적으로 여유로운 지점에 도달할 수 있지 않을까요.

이번 책을 쓰면서 고민이 있었습니다. 쓰고 싶은 내용이긴 하나, 어느 분야로 정의해야 할지 애매했습니다. 수필이라 하기엔 가고자 하는 목표와 관련된 글이 많고, 자기계발서라고 하기엔 저의 이야기가 많이 담길 것 같았거든요. 여러 고민 끝에 자기계발서로 정한 건, 단 한 명이라도 '나도 할 수 있을 거 같은데.'라는 결심이 서기를 바라서였습니다.

저는 대단한 일을 한 거인도 거장도 사업가도 아닙니다. 세상을 바꿀 만큼 혁신적인 일을 해낸 사람도, 그만큼의 그릇을 가진 사람도 아닙니다. 단지, 앞날을 살아가고자 열정의 씨앗을 불태우는 한 명의 엄마 사람입니다.

이 책이 영양 가득한 한 끼가 되었기를, 당신의 페르소나가 날갯짓하는 계기가 되길 바랍니다. 당신의 앞날을 응원하며 마침표를 찍습니다. 감사합니다.